기의 책들 20선

의 지혜 시리즈
NO.13
철학

아는 것으로부터의 자유

A Thousand Years of Wisdom

이 많은 교훈들은 어디서 왔을까?
사람에게 길을 가리켜 보이는 이 가르침들은 모두 어디서 왔을까?

천년의 지혜 시리즈는 그 질문에서 시작된 책입니다.
ChatGPT가 없던 그때, 두 해를 꼬박 넘기며 —
세계 여기저기에 숨겨진 책들의 시초를 뒤지고 찾아 —
길게는 400여 년 동안, 짧게는 최근 30여 년 동안 —
수천 번에서 수십 번의 개정판으로 세대를 넘어 이어지며 출간돼 온
진짜 책 중의 책을 찾았습니다.
그 중 20권이 세기의 책들로 묶이고 이름 지어져 출간으로 이어지고
있습니다.

1. 결코, 배불리 먹지 말 것 : 최초 출간일 1812년

2. 불멸의 지혜 : 최초 출간일 1910년

3. 부의 기본기 : 최초 출간일 1880년

4. 5000년의 부 : 최초 출간일 1926년

5. 꿈을 이뤄주는 책 : 최초 출간일 1926년

6. 영원히 날씬할 방법을 찾고 있어 : 최초 출간일 2005년

7. 스스로 창조한 나 : 최초 출간일 1903년

8. 사소한 것들로 하는 사랑이었다 : 최초 출간일 1997년

9. 비상이동 매뉴얼 : 최초 출간일 1972년

10. 사랑하라 그리고 나를 잃지 않도록 : 최초 출간일 1997년

11. 25살, 첫 사회 첫 삐약이들의 생존 동화 : 최초 출간일 1335년

12. 감정이 가르쳐 주는 것들 : 최초 출간일 1965년

13. 아는 것으로부터의 자유 : 최초 출간일 1969년

최초 출간일 1969년

지두 크리슈나무르티의 위대한 통찰

아는 것으로부터의 자유

출간 이후 60년, 단 한 번도 절판되지 않은 책
"알고 있다고 생각했던 모든 것이 흔들리기 시작한다"

지두 크리슈나무르티 지음 · 서진 기획

SNOWFOX

크리슈나무르티의 저작은 70권이 넘으며 그가 세상을 떠난 지 사반세기가 지난 지금도 새로운 판이 계속 출간되고 있다. 그런데 『아는 것으로부터의 자유』는 언제나 그 가운데서도 특별한 책으로 자리해 왔다.

우선 이 책은 크리슈나무르티 자신이 메리 루티엔스에게 제안했고 제목까지 직접 붙여 준 책이다. 메리 루티엔스가 '어떤 책으로 만들면 좋겠느냐'고 묻자 그는 '그건 당신에게 맡기겠다'고 답했다. 그녀는 1963년부터 1967년 사이에 행한 강연들의 주요 주제를 먼저 목록으로 정리한 뒤 가장 명료하고 아름답게 표현된 구절들을 골랐다. 그렇게 만들어진 이 책은 《크리슈나무르티 입문서》가 되었다.

크리슈나무르티 저작의 흥미롭고 독특한 점 중 하나는 그 방대한 분량, 평균 분량의 책 400권에 해당하는 분량 때문에 누구도 그의 저작에 권위자로 자처하기 어렵다는 것이다. 이 사실은 종교적, 정치적, 심리적, 철학적 권위 일체를 근본적으로 의심했던 크리슈나무르티 자신도 흔쾌히 받아들였을 것이다. 따라서 이 책이 그의 가르침의 유일하고 최종적인 입문서라고 단언하기는 어렵다. 말년의 크리슈나무르티는 다른 주제들을 더 깊이 파고들었기 때문이다. 그럼에도 메리 루티엔스의 편집은 분명 가장 읽기 쉬운 탐구의 입문서다. 그가 남긴 것들 중 가장 빛나는 정수를 모은 책임에 틀림없다.

이 책을 처음 접하는 독자라면 이런 물음을 던질 수 있다. 격동의 반체제적(反) 1960년대에서 탄생한 이 책이 오늘날에도 여전히 유효한가? 그 시대 젊은 세대의 반항적 기운은 결국 사그라들지 않았던가? 그렇다면 크리슈나무르티는 이제 시대에 뒤진 것이 아닌가?

그렇지 않다고 생각하는 이유가 있다. 크리슈나무르티가 말한 것은 우리 시대만이 아니라 인류의 역사 전체에 적용되기 때문이다. 그뿐 아니라 21세기 초인 지금 그의 관점은 어느 때보다 더 절실히 요청된다고 할 수 있다.

그 근거는 무엇인가? 오늘날 우리는 경제, 금융, 정치, 전염병, 기후 변화 등 모든 영역에서 인류의 상호 의존이 깊어지는 시대를 살고 있다. 한 영역에서 일어난 사건은 다른 모든 영역에 파급되며 전 세계에 영향을 미친다. 이 모든 문제는 서로 연결되어 있고 유례없는 국제적 협력을 요구한다. 어느 나라도 다른 나라의 이익을 외면한 채 자국의 이익만을 지킬 수 없다는 것이 점점 더 분명해지고 있다. 21세기에 그렇게 한다면 반드시 갈등과 불안을 낳게 될 것이다.

우리가 사는 세계는 분명 새로운 종류의 행성적 정신을 요청하고 있다. 그리고 바로 이 지점에서 크리슈나무르티가 깊은 울림을 가진다. 나라들 사이의 조화를 이룰 수 있는 정신은 두 인간 사이의 조화를 이룰 수 있는 정신과 분리되지 않는다. 온전히 깨어 있는 정신 안에서 이 두 가지는 하나다. 『아는 것으로부터의 자유』는 그러한 정신이 생겨나는 것을 무엇이 막고 있는지를 탐구한다. 그 주된 장애물 중 하나는 과거의 경험에 기초한 생각을 전혀 새로운 도전에 잘못 적용하는 것이다. 새롭게 바라보아야 할 것을 과거의 틀로 해석하는 이 오류는 정치 지도자들에게서만 나타나는 문제가 아니다. 당신과 나의 문제이기도 하다. 우리의 인간관계는 서로에 대해 만들어 온 이미지로 쉽게 굳어진다. 그러다 보면 어느 순간 새로운 것에 열려 있기가 불가능해진다.

한마디로 내 심리 안에 있는 것이 이 행성 전체의 심리 안에도 있다. 같은 근본적인 심리적 과정, 같은 왜곡된 인식이 우리 모두를 지배하고 이끈다. 그리고 이 과정이 오늘날 만들어 내는 인간의 고통의 크기가 크리슈나무르티가 말하는 '정신의 혁명'을 절박하게 요청한다. 그 혁명은 종교적 신앙이나 정치적 이념 전통이나 문화를 내세워 자신을 나머지 인류와 갈라놓으려는 충동을 내려놓는 것이다. 우리는 인간 존재다. 어떤 이름으로도 나뉘지 않는다.

우리 모두는 같은 의식을 나누며 같은 근본적인 도전과 고통과 기쁨 속에서 살아간다. 그러나 우리는 이 사실을 좀처럼 실감하지 못한다. 그 공유된 의식으로부터 멀어질 때 고립감과 두려움, 잠재적 공격성이 생겨난다.

있는 것을 있는 그대로 바라보는 것, 그리고 그것이 함축하는 모든 것이 새로운 인간 정신에 필수적이다. 크리슈나무르티가 강조하는 것은 철학도, 이념도, 신앙도 아니다. '우리의 일상에서, 내면에서, 외면에서 실제로 일어나고 있는 것을 바라보는 것'이다. 그리고 삶에서 우리가 실제로 무엇에 관심을 갖고 있는지를 보는 것, 무엇에 에너지를 쏟고 온전한 주의를 기울이는지에 대해 완전히 정직해지는 것 또한 결정적으로 중요하다.

『아는 것으로부터의 자유』는 단순한 언어로 쓰였지만 얇은 한 권 안에 인간의 조건에 관한 수많은 통찰을 담고 있다. 그러나 크리슈나무르티가 언제나 분명히 해 온 것처럼 그는 진리를 떠먹여 줄 생각이 없다. 그는 자신이 말하는 것에 의문을 품고 그것이 진실인지 우리 시대와 깊이 연관되는지를 스스로 판단해 보도록 권한다. 그러나 그의 말을 그저 언어적으로 지적으로 이해하는 것은 시간 낭비라고 그는 말할 것이다. 무언가가 진정으로 이해될 때 그것은 자연스럽게 자유롭고 기쁜 행동으로 이어진다.

이 책에서 제기되는 많은 문제는 저자의 말을 빌리면 '명상자가 완전히 부재한 상태에서 정신이 과거를 비운 명상 속에서의 깊은 명상과 탐구'를 요구한다. 그는 덧붙인다.

"이 책을 한 시간 동안 주의 깊게 읽었다면 그것이 명상이다. 그 다음은 독자 스스로 무슨 일이 일어나는지 알아낼 몫이다."

– 데이비드 스킷

편집자 메리 루티엔스 노트

이 책은 크리슈나무르티의 제안으로 쓰였으며 그의 동의를 받았다. 전 세계 각지의 청중을 대상으로 한 최근 강연들(영어)에서 발췌한 것으로, 녹음되었으나 이전에는 출판된 적 없는 내용들이다. 어떤 구절을 선택하고 어떤 순서로 배치할지는 전적으로 편집자의 책임이다.

J. 크리슈나무르티에 대한 더 많은 정보는 다음을 방문하세요.

www.jkrishnamurti.org

책을 만드는 일을 하면서 나는 한 가지 물음을 놓지 않았다.

이 책이 누군가의 삶을 실제로 바꿀 수 있는가.

그리고 이 책으로부터 크리슈나무르티의 철학적 사유 너머, 본질적 진실을 전하려던 위인의 절규를 느낀다.

'생각은 언제나 낡은 것이다. 생각은 기억의 반응이고 기억은 언제나 과거의 것이기 때문이다.'

이 말은 머리로 이해되는 것이 아니다. 수행을 시작한 이후 그토록 간절하게 찾아 알게 된 진리다. 크리슈나무르티는 이 진리를 단순하고 직접적인 언어로 말한다.

사유는 언제나 과거에서 온다. 우리가 '나'라고 부르는 것도 기억과 반응의 총체일 뿐이다. 크리슈나무르티는 바로 이 지점을 건드린다. 심리적 시간, 즉 과거의 상처를 반추하고 미래의 이상을 그리는 그 운동이 우리를 묶는 사슬이라고 말한다. 자유는 그 운동이 멈추는 곳에 있다고 말하면서.

내 업무는 그 말이 가진 직접성과 살아 있는 힘을 독자에게 그대로 전달하는 일이다.

독자가 읽기 편하게 만드는 익숙한 문체를 내려놓고 저자의 문장들을 어느 곳에서는 '지뢰'처럼 그냥 툭 내버려 두었다. 쉽게 고쳐 쓰려는 의식이 올라올 때마다 이 책이 가진 오랜 역사적 무게 앞에서 뒷걸음질치기도 했다. 대신 번역투를 걷어내고 단어 하나를 고를 때마다 물었다. 이것이 크리슈나무르티가 실제로 전달하고자 한 것인가.

그의 말은 이해하는 것이 아니라 직접 보는 것이기 때문이다.

작업을 하는 동안 수행자와 기획자로의 사이를 오갔다. 어떤 문장 앞에서는 손이 멈췄다. 단지 좋은 문장이어서가 아니라 그 문장이 존재로 더 깨어 있도록 역할을 했기 때문이다.

크리슈나무르티는 독자를 편안하게 해주지 않는다. 그는 우리가 믿어 온 모든 것, 신념과 전통과 자아와 의식에 물음을 던진다. 그 물음이 불편하다면 아마 그것이 정확히 당신에게 필요한 것이라는 신호일 것이다.

'관찰자가 곧 관찰되는 것이다.'

이 진실을 처음 마주했을 때 나는 오랫동안 그 진실 앞에 머물렀다.

'내가' 세계를 바라보는 것이 아니라 '나' 자체가 세계가 만들어낸 반응임을 알게 된다. 그렇다면 변화는 '나'를 개선하는 데서 오지 않는다. 그 '나'를 있는 그대로 보는 것, 선택 없는 자각에서 온다.

이 책에는 답이 없다. 크리슈나무르티 자신이 그것을 원하지 않았다. 그는 우리 모두가 스스로 보기를 원했다. 권위에 기대지 말고, 전통에 기대지 말고, 자신의 말에도 기대지 말라고 했다. 그 말은 편저자인 나에게도 해당된다. 진짜 만남은 오직 있는 그대로의 나와 이 텍스트 사이에서만 일어난다.

60년 전 이 책이 처음 세상에 나왔을 때와 지금 인간의 조건은 본질적으로 달라지지 않았다. 우리는 여전히 두려움 속에서 쾌락을 쫓고 관계 속에서 상처받고 죽음 앞에서 불안해한다. 그리고 여전히 누군가가 답을 주기를 기다린다. 크리슈나무르티는 그 기다림 자체가 문제로 지적한다. 그것에는 답이 없다는 것만은 분명하게.

이 책은 읽는 동안 잠시 아는 것을 내려놓고 바라볼 수 있다면 충분하다. 그 바라봄 속에 이미 자유가 있다. 내가 아는 모든 '나 자신이' 꿈-임을 알게 되는 순간 진짜 '나'가 깨어난다.

- 옮겨 다듬은 이, 서진 -

목차

1

우리는 왜 찾아 헤매는가

우리는 왜
찾아 헤매는가

인간은 언제나 물질적인 풍요로는 채워지지 않는 그 무언가를 찾아왔다. 사람들은 그것을 진리, 신, 혹은 실재(實在)라고 불러왔다. 어떤 환경에도 어떤 생각에도 어떤 타락에도 흔들리지 않는 것, 시간을 초월한 그 상태를.

인간은 언제나 이렇게 물어 왔다. 이 모든 것은 도대체 무엇을 위한 것인가? 삶에 과연 어떤 의미가 있는가? 우리 눈앞에는 엄청난 혼란이 있고 잔혹함이 있고 반란이 있고 전쟁이 있다. 종교와 이념과 민족 때문에 끝없이 갈라지고 싸우는 세계가 있다. 그 깊고 오랜 좌절감 속에서 우리는 묻는다. 어떻게 살아야 하는가? 우리가 삶이라고 부르는 이것은 무엇인가? 이 너머에 정말 무언가가 있기는 한 것인가?

그 해답을 찾지 못한 인간은 누군가 구원해 줄 존재에 대한 믿음, 혹은 어떤 이상(理想)에 대한 믿음에 매달려 왔다. 그러나 신앙은 예외 없이 폭력을 낳는다.

우리가 삶이라고 부르는 이 끊임없는 싸움 속에서 우리는 자신이 태어나고 자란 사회의 규범에 따라 살려 한다. 공산주의 사회이든 자유민주주의 사회이든 우리는 힌두교도로서, 무슬림으로서, 기독교인으로서 어떤 이름으로든 그 전통이 정해 놓은 행동 기준을 받아들인다. 우리는 누군가가 무엇이 옳고 그른지 말해 주기를 기다린다. 그 틀 안에서 살다 보면 우리의 행동과 생각과 반응은 점점 기계처럼 굳어진다. 이것은 우리 자신을 조금만 들여다봐도 금방 알 수 있는 사실이다.

수백 년 동안 우리는 스승들에게, 권위자들에게, 책에게, 성인(聖人)들에게 떠먹여져 왔다. 우리는 이렇게 말한다. '저 너머에 무엇이 있는지 다 말해 주십시오. 저 산 너머, 저 하늘 너머에 무엇이 있습니까?' 그리고 그들의 설명에 만족한다. 이것은 우리가 말(言語)에 기대어 살고 있다는 뜻이고 우리의 삶이 얕고 공허하다는 뜻이다. 우리는 이류(二流)의 존재들이다. 남에게 들은 것 위에서 살아왔고 타고난 성향에 이끌리거나 환경에 떠밀려 왔다. 우리는 수많은 영향들이 빚어낸 결과물이다. 우리 안에는 스스로 발견한 것, 진정 새로운 것, 맑고 순수한 것이 없다.

종교의 역사를 통틀어 우리는 이런 말을 들어 왔다. 특정한 의식을 치르고 기도문이나 만트라를 반복하라. 정해진 형식에 따르고 욕망을 억누르고 생각을 통제하고 열정을 다스려라. 먹는 것을 절제하고 성적인 욕구를 삼가라. 그렇게 충분히 고행(苦行)하면 이 보잘것없는 삶 너머의 무언가를 발견하게 될 것이라고 그들은 가르쳐 왔다. 수백만의 소위 종교적인 사람들이 시대를 거쳐 그렇게 살아왔다. 홀로 사막이나 산속이나 동굴로 떠나거나 마을마다 탁발을 하며 떠돌거나 수도원에서 정해진 방식대로 정신을 훈련시키면서 그렇게 살아왔다. 그러나 고통받는 정신, 혼란에서 도망치려는 정신, 바깥 세계를 등지고 규율과 복종으로 스스로를 무감각하게 만든 정신은 아무리 오래 찾아도 자신의 왜곡된 편견만을 만날 뿐이다.

그러므로 이 불안하고 두려움에 짓눌린 삶 너머에 정말 무언가가 있는지 알고 싶다면 전혀 다른 방식으로 접근해야 한다. 전통적인 방법은 바깥에서 안으로 향하는 것이다. 시간을 들이고 수행하고 포기하고 조금씩 벗겨 나가 결국 내면의 꽃, 내면의 아름다움과 사랑에 이른다는 것이다. 그러나 그것은 사실상 자신을 점점 더 편협하고 옹졸하고 초라하게 만드는 과정이다. 한 겹 한 겹 벗겨라, 시간을 들여라, 내일이면 된다, 다음 생이면 된다 하면서.

그러나 마침내 중심에 이르렀을 때 거기엔 아무것도 없다는 것을 발견하게 된다. 정신이 이미 무능하고 둔하고 무감각하게 만들어졌기 때문이다.

이 과정을 바라보면서 자연스럽게 이런 물음이 떠오른다. 바깥에서 안으로가 아니라 중심에서 바깥으로 폭발하는 전혀 다른 방법이 있지 않은가?

세상은 전통적인 방법을 따른다. 우리 안의 혼란과 무질서의 근본 원인은 남이 약속해 준 실재를 쫓는 것이다. 우리는 영적으로 편안한 삶을 보장해 줄 누군가를 기계적으로 따른다. 흥미로운 점이 있다. 우리 대부분은 정치적 독재에는 반대한다. 그러나 내면에서는 다른 사람의 권위를 그대로 받아들여 자신의 정신과 삶의 방식을 스스로 일그러뜨린다. 만약 우리가 모든 영적 권위를, 모든 의식과 의례와 교의(敎義 종교적 가르침)를 머릿속으로만이 아니라 실제로 완전히 거부한다면 우리는 홀로 서게 된다. 이미 사회와 갈등 상태에 놓이게 된다. 우리는 더 이상 체면 있는 사람이기를 그치게 된다. 그러나 체면을 지키는 사람은 그 무한하고 측량할 수 없는 실재에 결코 가까이 갈 수 없다.

이제 당신은 전통적인 방법, 그 거짓된 것을 거부하는 것에서 출발했다. 그러나 단순히 반발심으로 거부한다면 또 다른 틀을 만들어 그 안에 갇히게 될 것이다. '이 거부가 좋은 생각이야'라고 머릿속으로만 말하면서 아무것도 하지 않는다면 더 이상 나아갈 수 없다. 하지만 그것의 어리석음을 진심으로 이해하기 때문에 거부한다면, 두려움 없이 온전한 지성으로 거부한다면, 당신 안팎으로 커다란 흔들림이 오겠지만 체면의 덫에서는 벗어나게 될 것이다. 그때 당신은 이미 더 이상 찾아 헤매지 않는다는 것을 발견하게 된다. 첫 번째로 배워야 할 것은 찾아 헤매지 않는 것이다. 무언가를 찾아다니는 동안 당신은 사실 쇼윈도 구경을 하고 있을 뿐이다.

신이 존재하는지, 진리가 있는지, 실재가 무엇인지, 이 물음은 어떤 책도, 어떤 사제도, 어떤 철학자도, 어떤 구원자도 결코 대신 답해 줄 수 없다. 오직 당신 자신만이 답할 수 있다. 그렇기 때문에 당신은 자기 자신을 알아야 한다. 미성숙함은 오직 자기 자신을 전혀 모르는 데 있다. 자기 자신을 이해하는 것이 지혜의 시작이다.

그렇다면 당신 자신은 무엇인가? 나는 인간 존재와 개인 사이에 중요한 차이가 있다고 생각한다. 개인은 특정한 나라, 특정한 문화, 특정한 사회, 특정한 종교에 속한 지역적인 존재이다. 반면 인간 존재는 그런 울타리가 없다. 그는 어디에나 있다. 개인이 광활한 삶의 무대에서 자기 방 한 칸에만 갇혀 행동한다면 그것은 삶 전체와는 아무런 관계가 없는 것이다. 우리가 이야기하는 것은 그 작은 부분이 아니라 전체다. 더 큰 것 안에 더 작은 것이 있을 수 있지만 더 작은 것 안에 더 큰 것은 없기 때문이다. 개인은 조건화되고 좌절하고 비참해진 작은 존재로 자신의 하찮은 신들과 하찮은 전통에 만족한다. 반면 인간 존재는 세계 전체의 안녕과 고통과 혼란에 관계되어 있다.

인간 존재로서 우리는 수백만 년 동안 그래 왔던 것 그대로다. 엄청나게 탐욕스럽고 시기하고 공격적이며 질투하고 불안하며 절망에 빠져 있지만 가끔 기쁨과 애정의 순간이 반짝이기도 한다. 우리는 증오와 두려움과 온유함이 기묘하게 뒤섞인 존재다. 폭력이면서 동시에 평화다. 수레에서 제트기에 이르기까지 겉으로는 엄청나게 발전했지만 내면적으로 인간은 조금도 변하지 않았다. 세계 어디에나 있는 사회 구조는 결국 개인이 만들어 낸 것이다. 바깥의 사회 구조는 우리 내면의 심리 구조가 반영된 것이고 개인은 인류 전체의 경험과 지식과 행동이 쌓인 결과물이기 때문이다. 우리 각자는 모든 과거의 저장소다. 개인은 곧 전 인류다. 인간의 전체 역사가 우리 안에 새겨져 있다.

지금 당신 안팎을 바라보라. 권력과 지위와 성공을 갈망하는 경쟁적인 문화를, 당신이 그토록 자랑스러워하는 그 모든 성취들을, 우리가 삶이라고 부르는 이 전체를 들여다보라. 그 안의 모든 관계에는 갈등이 있다. 그 갈등이 증오를, 적대감을, 잔혹함을, 끝없는 전쟁을 낳는다. 이 삶이 우리가 아는 전부다. 그 거대한 생존의 싸움을 이해할 수 없기에 우리는 두려워하고 온갖 방식으로 도망치려 한다. 우리는 알 수 없는 것도 두려워한다. 죽음을 두려워하고 내일 너머에 무엇이 있을지 두려워한다. 그러므로 우리는 알고 있는 것도 두려워하고 알지 못하는 것도 두려워한다. 이것이 우리의 일상이다. 거기엔 희망이 없다. 그렇기에 모든 철학과 신학적 개념은 결국 지금 있는 현실로부터의 도피에 불과하다.

전쟁, 혁명, 개혁, 법률, 이념, 이 모든 것으로 바깥을 바꾸려 했지만 인간의 근본적인 본성도, 사회도 조금도 바뀌지 않았다. 이 끔찍한 세계에 살고 있는 인간 존재로서 우리 스스로에게 물어보자. 경쟁과 잔혹함과 두려움에 기반한 이 사회가 끝날 수 있는가? 그저 머릿속 개념이나 희망이 아니라 실제로 정신이 신선하고 새롭고 순수해져서 전혀 다른 세계를 만들 수 있도록? 그것은 내가 보기에 우리 각자가 하나의 핵심적인 사실을 깨달을 때에만 가능하다. 어느 나라에 살든, 어떤 문화에 속하든, 우리 개개인이 이 세계의 현재 상태에 대해 전적으로 책임이 있다는 사실이다.

우리 각자는 모든 전쟁에 대해 책임이 있다. 우리 자신의 삶 속의 공격성 때문에, 민족주의 때문에, 이기심 때문에, 우리의 신앙 때문에, 편견 때문에, 이상(理想) 때문에 이 모든 것이 우리를 나누고 갈라놓는다. 그리고 머리로만이 아니라 몸으로 배고픔이나 고통을 느끼듯이 실제로 깨달을 때에만 비로소 우리는 움직인다. 당신과 내가 이 세상의 온갖 혼돈과 비참에 기여해 왔다는 것을, 우리가 이 괴물 같은 사회의 일부라는 것을 그때 비로소 온몸으로 알게 된다.

그렇다면 완전히 다른 사회를 만들기 위해 우리가 할 수 있는 것은 무엇인가? 이것은 매우 진지한 물음이다. 도대체 무언가를 할 수 있기는 한가? 사람들은 말해 왔다. 이른바 영적 지도자들이 우리를 새로운 틀로 빚으려 했지만 그것은 우리를 그다지 멀리 이끌지 못했다. 박학다식한 사람들이 말해 왔지만 그것도 마찬가지였다. 우리는 '모든 길은 진리로 통한다'는 말을 들어 왔다. 힌두교도에겐 그 길이, 기독교인에겐 그 길이, 무슬림에겐 그 길이 있고 모두 같은 문 앞에서 만난다는 것이다. 그러나 조금만 들여다보면 이것이 얼마나 말이 안 되는지 분명히 보인다. 진리에는 길이 없다. 그것이 진리의 아름다움이다. 진리는 살아 있는 것이기 때문이다. 죽은 것에는 길이 있다. 고정되어 있기 때문이다. 그러나 진리가 살아 있고 늘 움직이며 어떤 사원에도, 어떤 종교에도, 어떤 스승에도 고정되어 있지 않다는 것을 볼 때 당신은 이 살아 있는 것이 당신이 실제로 살아가는 바로 그것임을 보게 된다. 당신의 분노, 잔혹함, 폭력, 절망, 고통과 슬픔이 바로 그것이다. 이 모든 것을 있는 그대로 이해하는 가운데 진리가 있다. 당신은 이념을 통해서는, 말의 장막을 통해서는, 희망과 두려움을 통해서는 그것을 볼 수 없다.

그러므로 결국 당신은 누구에게도 의지할 수 없다는 것을 알게 된다. 안내자도, 스승도, 권위도 없다. 오직 당신만이 있다. 다른 사람들과, 세계와 맺는 당신의 관계만이 있다. 그 밖엔 아무것도 없다. 이것을 깨달으면 커다란 절망이 오고 그로부터 냉소와 씁쓸함이 올 수 있다. 또는 다른 누구도 아닌 당신 자신이 세계에 대해, 자기 자신에 대해, 자신의 생각과 감정과 행동에 대해 책임이 있다는 사실을 직면함으로써 모든 자기 연민이 사라질 수도 있다. 우리는 보통 남을 탓하며 살아간다. 그것이 바로 자기 연민이다.

그렇다면 당신과 나는 어떠한 외부의 압력도 없이, 어떠한 설득도 없이, 처벌에 대한 어떠한 두려움도 없이 우리 존재의 바탕에서 근본적인 혁명을, 내면의 변혁을 일으킬 수 있는가? 잔혹하지 않고 폭력적이지 않고 경쟁적이지 않고, 두려움도, 탐욕도, 시기심도 없는 존재가 될 수 있는가? 이 썩은 사회를 만들어 낸 그 모든 것으로부터 자유로운 존재가 될 수 있는가?

처음부터 분명히 해야 할 것이 있다. 나는 어떤 철학 체계나 신학적 관념을 내세우는 것이 아니다. 모든 이념은 근본적으로 어리석다고 나는 생각한다. 중요한 것은 삶의 철학이 아니다. 우리의 일상에서 안팎으로 실제로 일어나고 있는 것을 있는 그대로 보는 것이다. 꼼꼼히 들여다보면 우리가 지적(知的) 개념에 기반해 살고 있다는 것을 알게 된다. 그리고 지성은 우리 존재의 전부가 아님을 알게 된다. 지성은 하나의 조각이다. 아무리 정교하게 조합되어 있어도, 아무리 오래되고 전통적이어도 존재의 작은 부분에 불과하다. 우리는 삶 전체를 다뤄야 한다. 세계를 바라보면 바깥의 과정과 안의 과정이 따로 없다는 것을 깨닫기 시작한다. 오직 하나의 통합된 움직임이 있을 뿐이다. 안에서 일어나는 것이 밖으로 표현되고 밖의 것이 다시 안에 영향을 미친다. 이것을 있는 그대로 볼 수 있다는 것, 그것이 전부인 것처럼 내게는 보인다. 보는 법을 알면 모든 것이 명료해지기 때문이다. 보기 위해 어떤 철학도, 어떤 스승도 필요하지 않다. 누구도 보는 법을 가르쳐 줄 필요가 없다. 그저 바라보면 된다.

그렇다면 이 전체 그림을 머릿속으로만이 아니라 실제로 보면서 당신은 쉽고 자연스럽게 자기 자신을 변화시킬 수 있는가? 이것이 핵심 질문이다. 정신 속에서 완전한 혁명이 가능한가?

이 물음에 당신은 어떻게 반응하는가? '나는 변하고 싶지 않다'고 말할 수도 있다. 대부분의 사람들이 그렇다. 특히 사회적으로 경제적으로 안정된 사람들, 특정 신앙을 고수하며 있는 그대로에 만족하는 사람들이 그렇다. 그런 사람들과 우리는 지금 이야기하지 않는다. 혹은 '그건 너무 어렵고 나와는 관계없다'고 조금 더 교묘하게 말할 수도 있다. 그렇다면 당신은 이미 스스로를 닫은 것이고 탐구를 그만둔 것이다. 더 나아가는 것은 의미가 없다. 또는 이렇게 말할 수도 있다. '근본적으로 변해야 한다는 건 알겠다. 그런데 어떻게? 방법을 알려 달라, 도와 달라.' 그렇다면 당신이 진짜 관심을 두는 것은 변화 자체가 아니다. 당신은 방법과 체계를 찾고 있을 뿐이다.

만약 내가 당신에게 어떤 체계를 내놓고 당신이 그것을 따른다면 당신은 그저 복사하고 모방하고 순응하는 것에 불과하다. 그렇게 하면 당신 안에 또 다른 권위를 세우는 것이고 당신과 그 권위 사이에 갈등이 생긴다. 그 체계가 요구하는 것을 해야 한다고 느끼는데 그게 잘 안 되고 자신의 성향과 충돌하면서 모순 속에 빠지게 된다. 그래서 당신은 체계의 이념과 실제의 삶 사이에서 이중적으로 살아가게 된다. 이념에 맞추려다 자기 자신을 억압한다. 그러나 실제로 진실한 것은 이념이 아니라 지금 이 순간의 당신이다. 남의 기준으로 자기 자신을 보려 한다면 당신은 언제까지나 이류(二流)의 존재로 남을 것이다.

'변하고 싶다, 어떻게 하면 되는지 알려 달라'고 말하는 사람은 진지해 보이지만 실제로는 그렇지 않다. 그가 원하는 것은 자기 안에 질서를 가져다줄 권위다. 그러나 권위가 내면의 질서를 가져올 수 있는가? 밖에서 강요된 질서는 반드시 내면의 무질서를 낳는다. 이것을 머리로는 이해할 수 있을 것이다. 하지만 실제로 당신의 정신이 더 이상 어떤 권위도, 책의 권위도, 스승의 권위도, 배우자의 권위도, 부모의 권위도, 친구의 권위도, 사회의 권위도 따르지 않도록 할 수 있는가? 우리는 늘 정해진 틀 안에서 기능해 왔기에 그 틀이 이념이 되고 권위가 된다. 그러나 '어떻게 변할 수 있는가?'라는 물음 자체가 새로운 권위를 세운다는 것을 진정으로 보는 순간 당신은 영원히 권위와 작별한 것이다.

다시 명확히 하자. 나는 존재의 뿌리로부터 완전히 변해야 한다는 것을 본다. 전통은 우리에게 거대한 게으름과 복종과 수용을 가져다줬기에 나는 더 이상 어떤 전통에도 의지할 수 없다. 어떤 스승에게도, 어떤 신에게도, 어떤 신앙에도, 어떤 체계에도, 어떤 외부의 압력에도 도움을 기대할 수 없다. 그러면 어떻게 되는가?

먼저 모든 권위를 거부할 수 있는가? 그렇게 할 수 있다면 그것은 더 이상 두려워하지 않는다는 뜻이다. 그러면 무슨 일이 일어나는가? 수세대에 걸쳐 짊어져 온 거짓된 짐을 내려놓을 때 무슨 일이 생기는가? 더 많은 에너지가 생기지 않는가? 더 많은 능력을, 더 큰 추진력을, 더 강한 활력을 갖게 된다. 이것을 느끼지 못한다면 아직 짐을 내려놓지 않은 것이다. 권위라는 죽은 무게를 아직 벗어 던지지 않은 것이다.

짐을 내려놓고 두려움 없는 이 에너지가 생길 때, 실수에 대한 두려움도 옳고 그름에 대한 두려움도 없는 그 에너지 자체가 변혁이 아닌가? 우리에겐 엄청난 에너지가 필요하다. 그런데 우리는 그것을 두려움 속에서 다 소진해 버린다. 모든 형태의 두려움을 벗어 던지는 데서 오는 에너지가 생길 때 바로 그 에너지가 급진적인 내면의 혁명을 일으킨다. 당신이 따로 무언가를 할 필요가 없다.

그렇게 해서 당신은 자기 자신과 함께 남겨진다. 이 모든 것을 진지하게 받아들이는 사람에게 이것이 실제 상태다. 더 이상 누구에게도, 무엇에게도 도움을 구하지 않기에 당신은 이미 발견하기에 자유롭다. 자유가 있을 때 에너지가 있다. 자유가 있을 때 잘못된 일을 할 수 없다. 자유는 반항과는 전혀 다르다. 자유 안에서는 옳고 그름이 없다. 당신은 자유로우며 그 중심에서 행동한다. 두려움이 없는 정신은 위대한 사랑을 할 수 있다. 그리고 사랑이 있을 때 그것이 원하는 대로 행할 수 있다.

이제부터 우리가 하고자 하는 것은 우리 자신에 대해 배우는 것이다. 나를 통해서도 아니고, 어떤 분석가나 철학자를 통해서도 아니다. 남을 통해 자신을 배우려 하면 그것은 자신이 아니라 그 사람에 대해 배우는 것이기 때문이다. 우리는 우리가 실제로 무엇인지를 배울 것이다.

외부의 권위에 의지할 수 없다는 것을 깨달은 후에도 더 큰 장벽이 있다. 우리 자신의 내면의 권위다. 스스로의 경험들, 쌓아온 의견들, 지식, 관념, 이상(理想), 이것들의 권위를 내려놓는 것이다. 어제의 경험이 교훈을 줬고 그 교훈이 새로운 권위가 된다. 그리고 어제의 권위는 천 년의 권위만큼이나 해롭다. 자기 자신을 이해하는 데 어제의 권위도, 천 년의 권위도 필요하지 않다. 우리는 늘 움직이고 흐르며 결코 멈추지 않는 살아 있는 존재이기 때문이다. 어제의 굳어버린 눈으로 자신을 바라보면 지금 살아 움직이는 것의 아름다움과 본질을 놓치게 된다.

자신의 것이든 남의 것이든 모든 권위로부터 자유로워지는 것은 어제의 모든 것에 대해 죽는 것이다. 그리하면 정신은 언제나 신선하고 언제나 젊고 순수하며 활력과 열정으로 가득 차게 된다. 오직 그 상태에서만 진정으로 배우고 볼 수 있다. 그러기 위해서는 깊은 자각이 필요하다. 지금 이 순간 자신 안에서 일어나고 있는 것을 살아 있는 눈으로 바라보는 것, 고치려 하지도 않고 '이래야 해, 저러면 안 돼'라고 판단하지도 않으면서 그저 바라보는 것이다. 무언가를 고치려는 순간 또 다른 권위를, 내면의 검열자를 세우는 것이기 때문이다.

이제 우리는 함께 우리 자신을 탐구할 것이다. 한 사람이 설명하고 당신이 그 말을 따라가며 동의하거나 반박하는 것이 아니라 우리 정신의 가장 깊고 은밀한 구석들로 함께 떠나는 발견의 여행이다. 그 여행을 위해서는 가볍게 출발해야 한다. 지난 2,000년 넘게 쌓아온 묵은 가구 같은 의견과 편견과 결론을 싸들고 갈 수 없다. 자기 자신에 대해 알고 있다고 생각하는 모든 것을 잊어라. 자기 자신에 대해 생각해 온 모든 것을 잊어라. 우리는 아무것도 모르는 것처럼 다시 시작할 것이다.

어젯밤 비가 많이 내렸고 지금 하늘이 개기 시작한다. 신선한 새 날이다. 이 신선한 날을 마치 삶에서 유일한 날인 것처럼 맞이하자. 어제의 모든 기억을 뒤에 남겨 두고 함께 여행을 시작하자. 처음으로 우리 자신을 이해하기 시작하자.

2

자기 자신을 배우다

자기 자신을 배우다

2장

자기 자신에 대한 배움 – 단순함과 겸허 – 조건화

만약 당신이 자기 자신을 아는 것이 중요하다고 생각하는 이유가 단지 내가 혹은 누군가가 그렇게 말했기 때문이라면 우리 사이의 소통은 그 순간 끊어진다. 그러나 우리가 함께 자기 자신을 완전히 이해하는 것이 삶에서 가장 중요한 일이라는 데 동의한다면 우리는 전혀 다른 관계가 된다. 기쁘고 세심하며 지성적인 탐구로 함께 나아갈 수 있게 된다.

나는 당신의 믿음을 요구하지 않는다. 나는 권위자로 행세하지 않는다. 내게는 가르칠 것이 없다. 새로운 철학도, 새로운 체계도, 실재(實在, 참으로 존재하는 것)에 이르는 새로운 길도 없다. 진리에 이르는 길이 없는 것처럼 실재에 이르는 길도 없다. 어떤 종류이든 권위는, 특히 생각하고 이해하는 영역에서의 권위는 가장 파괴적이고 해로운 것이다. 지도자는 추종자를 망가뜨리고 추종자는 지도자를 망가뜨린다. 당신은 스스로 자신의 스승이어야 하고 동시에 자신의 제자여야 한다. 인간이 가치 있다고 필요하다고 받아들여 온 모든 것에 물음을 던져야 한다.

누군가를 따르지 않으면 매우 외롭게 느껴진다. 그렇다면 외로워지라. 왜 홀로 있는 것이 두려운가? 있는 그대로의 자기 자신과 마주하게 되기 때문이다. 자신이 공허하고 둔하고 어리석고 불안한 이류(二流)의 존재라는 것을 발견하기 때문이다. 그 사실을 직면하라. 그것을 바라보라. 그것에서 도망치지 말라. 도망치는 순간 두려움이 시작된다.

자기 자신을 탐구하는 것은 세상으로부터 고립되는 것이 아니다. 그것은 병적인 과정이 아니다. 세계 어디에 있든 사람들은 우리와 똑같은 일상의 문제에 붙잡혀 있다. 그러므로 우리 자신을 탐구하는 것은 조금도 이상한 일이 아니다. 개인과 사회 사이에 본질적 차이가 없기 때문이다. 이것은 실제의 사실이다. 내가 나인 그대로 세계를 만들었다. 그러니 개인과 전체 사이의 이 싸움에서 길을 잃지 말자.

나는 나 자신의 전체 영역을, 개인의 의식이자 곧 사회의 의식인 것을 온전히 자각해야 한다. 오직 그때 정신이 이 개인적이고 사회적인 의식을 넘어설 때 나는 결코 꺼지지 않는 나 자신의 빛이 될 수 있다.

그렇다면 어디서부터 자기 자신을 이해하기 시작하는가? 여기 내가 있다. 어떻게 나 자신을 들여다보고 관찰하고 내면에서 실제로 일어나고 있는 것을 볼 것인가? 나는 오직 관계 속에서만 나 자신을 관찰할 수 있다. 모든 삶은 관계이기 때문이다. 구석에 앉아 나 자신에 대해 명상하는 것은 소용없다. 나는 혼자서는 존재할 수 없다. 나는 사람들과, 사물들과, 관념들과의 관계 속에서만 존재한다. 그 관계들을 살피는 가운데 나 자신을 이해하기 시작한다. 바깥의 것들과의 관계를, 내면의 것들과의 관계를 살피는 가운데. 다른 모든 이해는 그저 추상(抽象, 머릿속 개념)일 뿐이다. 나는 추상 속에서 나 자신을 연구할 수 없다. 나는 추상적인 존재가 아니기 때문이다. 따라서 나는 실제 속에서, 내가 되고 싶은 모습이 아니라 지금 있는 그대로의 나를 보아야 한다.

　이해는 머릿속의 지적 과정이 아니다. 자기 자신에 관한 지식을 쌓는 것과 자기 자신에 대해 배우는 것은 전혀 다른 일이다. 자기 자신에 관해 쌓은 지식은 언제나 과거의 것이다. 과거에 짓눌린 정신은 슬픔에 찬 정신이다. 자기 자신에 대해 배우는 것은 언어나 기술이나 과학을 배우는 것과 다르다. 그런 것들은 물론 축적하고 기억해야 한다. 매번 처음부터 다시 시작하는 것은 말이 안 된다. 그러나 내면의 심리적 영역에서 자기 자신에 대해 배우는 것은 언제나 지금 이 순간 속에 있다. 지식은 언제나 과거 속에 있다. 우리 대부분은 과거 속에서 살며 과거에 만족하기에 지식이 비상하게 중요해진다. 그것이 우리가 박학한 자를, 영리한 자를,

세상에 통달한 자를 숭배하는 이유다. 그러나 만약 매 순간 배우고 있다면, 보고 듣는 것에서 배우고 행하는 것에서 배운다면, 배움이란 과거 없이 지금 이 순간 살아 숨 쉬는 움직임임을 발견하게 될 것이다.

조금씩 더 자기 자신을 알아가겠다고 말한다면 당신은 지금 있는 그대로의 자신을 보는 것이 아니다. 이미 가진 지식을 통해 자신을 보는 것이다. 진정한 배움은 깊은 감수성(感受性, 섬세하게 느끼는 능력)을 전제한다. 과거의 관념이 현재를 지배할 때 그 감수성은 사라진다. 그때 정신은 더 이상 민첩하지도 유연하지도 예민하지도 않다. 우리 대부분은 몸도 감수성이 없다. 과식하고 제대로 먹지 않고 담배와 술로 몸을 거칠고 무감각하게 만든다. 몸 자체의 주의력이 떨어진다. 몸이 둔하고 무거운데 어떻게 예민하고 명료한 정신이 있을 수 있겠는가? 우리는 자신에게 직접 관련된 것들에는 민감할 수 있다. 그러나 삶 전체에 온전히 민감하기 위해서는 몸과 정신 사이에 분리가 없어야 한다. 그것은 하나의 통합된 움직임이다.

무엇이든 진정으로 이해하려면 그것과 함께 살아야 하고 관찰해야 하며 그것의 모든 내용과 본성과 구조와 움직임을 알아야 한다. 자기 자신과 함께 진정으로 살아 본 적이 있는가? 그렇다면 자기 자신이 고정된 무언가가 아니라 살아 숨 쉬는 것임을 알게 될 것이다. 그리고 살아 있는 것과 함께 살기 위해서는 정신도 살아 있어야 한다. 의견과 판단과 가치 평가에 사로잡혀 있다면 정신은 살아 있을 수 없다.

자기 자신의 정신과 마음의 움직임을, 존재 전체의 움직임을 있는 그대로 보려면 자유로운 정신이 있어야 한다. 동의하거나 반대하는 정신이 아니라, 논쟁에서 편을 드는 정신이 아니라, 말 하나하나에 시비를 거는 정신이 아니라 진정으로 이해하려는 마음으로 따라가는 정신이어야 한다. 이것은 생각보다 훨씬 어렵다. 우리 대부분은 나무 사이를 흐르는 바람 소리에 귀 기울이는 법을 모르듯이, 강의 아름다움을 고요히 바라보는 법을 모르듯이 자기 자신의 내면을 바라보거나 거기에 귀 기울이는 법을 모르기 때문이다.

무언가를 비난하거나 정당화하는 순간 우리는 명료하게 볼 수 없다. 정신이 끊임없이 수다를 떨고 있을 때도 마찬가지다. 그때 우리는 있는 것을 보는 것이 아니라 자신이 투영한 것을 보고 있다. 우리 각자는 자신이 무엇이라고 생각하는지 혹은 어떤 사람이어야 한다고 생각하는지에 대한 이미지를 품고 있다. 그 이미지가 있는 그대로의 자신을 보는 것을 완전히 가로막는다.

세상에서 가장 어려운 일 중 하나는 무엇이든 단순하게 바라보는 것이다. 우리의 정신이 너무 복잡해져서 단순함이라는 능력을 잃어버렸다. 내가 말하는 단순함은 옷을 간소하게 입거나 단식 기록을 세우거나 성인(聖人)들이 하는 그런 종류의 외적인 소박함이 아니다. 두려움 없이 사물을 직접 바라볼 수 있는 단순함이다. 어떤 왜곡도 없이 있는 그대로의 자신을 볼 수 있는 단순함이다. 거짓말을 할 때 '나는 지금 거짓말을 하고 있다'고 말할 수 있는 그것을 숨기거나 달아나지 않는 단순함이다.

자기 자신을 이해하기 위해서는 깊은 겸손함이 필요하다. '나는 나 자신을 안다'고 말하면서 시작한다면 이미 배움을 멈춘 것이다. '나 자신에 대해 더 배울 것이 없다, 나는 기억과 관념과 경험과 전통의 덩어리에 불과하니까'라고 말해도 마찬가지로 배움을 멈춘 것이다. 무언가를 이뤘다고 생각하는 순간 순수함과 겸손함이 사라진다. 결론을 갖고 시작하거나 기존의 지식으로 들여다보는 순간 그것은 끝난 것이다. 그때 당신은 살아 있는 모든 것을 낡은 틀에 끼워 맞추고 있기 때문이다. 반면 발판이 없다면, 확실한 답이 없다면, 아직 이룬 것이 없다면 바라보고 발견할 자유가 있다. 자유롭게 볼 때 그것은 언제나 새롭다. 모든 것을 확신하는 사람은 이미 죽은 사람이다.

그런데 태어나는 순간부터 죽는 순간까지 특정 문화 속에서 '나'라는 좁은 틀로 빚어진 정신이 어떻게 자유롭게 보고 배울 수 있겠는가? 수 세기에 걸쳐 우리는 민족, 카스트(신분), 계급, 전통, 종교, 언어, 교육, 문학, 예술, 관습, 온갖 선전, 경제적 압력, 먹는 음식, 사는 환경, 가족, 친구, 경험, 생각할 수 있는 모든 영향에 의해 조건화(條件化, 특정 방향으로 굳어짐)되어 왔다. 그래서 어떤 문제에 대한 우리의 반응도 이미 그 조건화에 물들어 있다.

당신은 자신이 조건화되어 있다는 것을 알고 있는가? 이것이 자기 자신에게 던져야 할 첫 번째 물음이다. '어떻게 조건화에서 벗어날 것인가'가 아니라. 어쩌면 결코 벗어나지 못할 수도 있다. 벗어나야 한다고 말하는 것 자체가 또 다른 형태의 조건화일 수 있기 때문이다. 그러면 당신은 자신이 조건화되어 있다는 것을 정말 알고 있는가? 나무를 보면서 '저건 떡갈나무야' 혹은 '저건 보리수야'라고 말할 때조차도, 그 이름 붙이기, 즉 식물학적 지식이 정신을 조건화해서 말이 당신과 나무 사이에 끼어든다는 것을 느끼는가? 나무를 정말 느끼려면 손으로 만져야 한다. 말은 나무를 만지는 데 아무 도움이 되지 않는다.

자신이 조건화되어 있다는 것을 어떻게 아는가? 무엇이 그것을 알려 주는가? 배가 고프다는 것을 어떻게 아는가? 이론이 아니라 직접적인 느낌으로. 마찬가지로 자신이 조건화되어 있다는 것을 어떻게 발견하는가? 어떤 문제나 도전에 부딪혔을 때 자신이 어떻게 반응하는지를 보면 알 수 있지 않은가? 당신은 모든 도전에 자신의 조건화에 따라 반응한다. 그리고 조건화가 불완전하기에 반응은 언제나 불완전할 수밖에 없다.

　그것을 알아차렸을 때 인종과 종교와 문화라는 이 조건화가 감옥처럼 느껴지는가? 민족주의라는 조건화 하나만을 가지고 진지하게 충분히 그것을 느껴 보라. 당신이 그것을 즐기는지 아니면 거기에 저항하는지, 그리고 만약 저항한다면 모든 조건화를 뚫고 나가고 싶은지를 보라. 만약 자신의 조건화에 만족한다면 당연히 아무것도 하지 않을 것이다. 하지만 만족하지 않는다면 조건화 없이는 단 하나도 제대로 할 수 없다는 것을 깨닫게 될 것이다. 하나도. 그러므로 당신은 늘 죽은 것과 함께 과거 속에서 살고 있는 셈이다.

　자신의 조건화를 알아차리는 것은 쾌락이 끊기거나 고통을 피하려다 갈등이 생길 때뿐이다. 모든 것이 잘 돌아가고 있다면, 배우자가 나를 사랑하고, 내가 배우자를 사랑하고, 좋은 집과 아이들과 넉넉한 돈이 있다면, 자신의 조건화를 전혀 알아차리지 못한다. 그러나 흔들림이 생길 때, 배우자가 다른 사람을 바라보거나, 돈을 잃거나, 전쟁의 위협이 닥치거나, 고통이나 불안이 올 때, 그때 비로소 조건화되어 있음을 안다. 어떤 흔들림에도 맞서 싸우거나, 내면의 위협이든 바깥의 위협이든 막아 내려 할 때 당신은 조건화되어 있음을 안다. 그리고 우리 대부분은 겉으로든 깊은 곳에서든 늘 흔들리고 있으므로 바로 그 흔들림이 우리가 조건화되어 있음을 드러낸다. 쓰다듬어 주면 순하게 반응하다가 위협을 받는 순간 본래의 공격성을 드러내는 동물처럼.

우리는 삶에 대해, 정치에 대해, 경제 상황에 대해, 세계의 공포와 잔혹함과 슬픔에 대해, 그리고 우리 자신 안의 것들에 대해 흔들리며 그로부터 우리가 얼마나 편협하게 조건화되어 있는지를 깨닫는다. 그러면 어떻게 할 것인가? 대부분의 사람들처럼 그 흔들림을 받아들이고 그 속에서 살아갈 것인가? 만성 요통에 익숙해지듯 그냥 익숙해질 것인가? 그저 참고 견딜 것인가?

우리 모두에게는 그냥 참아 내고 익숙해지고 환경을 탓하는 경향이 있다. '상황만 좋았다면 나도 달랐을 텐데'라고 말한다. '기회만 주어진다면 내 능력을 발휘하겠다'라거나 '이 모든 불의에 짓눌리고 있다'거나, 우리는 언제나 우리의 흔들림을 남의 탓, 환경의 탓, 경제의 탓으로 돌린다.

흔들림에 익숙해진다는 것은 정신이 둔해진다는 뜻이다. 주위의 아름다움에 너무 익숙해져서 더 이상 느끼지 못하는 것과 같다. 무관심해지고 냉담해지고 무감각해지며 정신은 점점 더 굳어진다. 그렇다고 익숙해지지도 않으면 약을 복용하거나 정치 집단에 뛰어들거나 고함을 치거나 글을 쓰거나 스포츠 경기에 가거나 종교 시설을 찾거나 다른 어떤 오락으로든 도망치려 한다.

우리는 왜 있는 그대로의 사실로부터 도망치는가? 예를 들어 우리는 죽음을 두려워한다. 그래서 온갖 이론과 희망과 신앙을 만들어 내 죽음이라는 사실을 가린다. 그러나 사실은 여전히 거기 있다. 사실을 이해하려면 그것을 바라보아야 한다. 그것에서 도망쳐서는 안 된다. 우리 대부분은 죽는 것만큼이나 사는 것도 두려워한다. 가족을 잃을까 봐, 남의 눈을 의식해서, 직업을 잃을까 봐, 안전을 잃을까 봐 수백 가지를 두려워한다. 핵심은 우리가 두려워한다는 것이다. 이것저것이 아니라 두려움 그 자체를 두려워한다. 그렇다면 왜 그 사실 자체에 직면하지 못하는가?

사실에 직면할 수 있는 것은 오직 지금 이 순간뿐이다. 그런데 언제나 도망치고 있다면, 사실이 눈앞에 나타나는 것조차 허용하지 않는다면, 결코 그것에 직면할 수 없다. 우리는 도피의 촘촘한 그물을 오랫동안 짜 왔기에 도망치는 것이 습관이 되어 버렸다.

이제 조금이라도 민감하고 진지하다면 자신의 조건화를 알아차릴 뿐만 아니라 그것이 얼마나 위험한지도, 그것이 어떤 잔혹함과 증오로 이어지는지도 느낄 것이다. 그렇다면 왜 조건화의 위험을 보면서도 행동하지 않는가? 에너지가 없기 때문인가? 그러나 길 위의 뱀이나 절벽이나 불 같은 즉각적인 신체적 위험 앞에서는 에너지가 부족하지 않다. 그렇다면 왜 조건화의 위험 앞에서는 움직이지 않는가? 민족주의가 나 자신의 안전을 위협한다는 것을 실감한다면 행동하지 않겠는가?

답은 간단하다. 실제로는 보지 못하고 있기 때문이다. 분석이라는 지적 과정을 통해 민족주의가 파국으로 이어진다는 것을 머리로는 알 수 있다. 그러나 거기엔 감정적인 생생함이 없다. 가슴으로 느낄 때에만 살아 움직이게 된다. 조건화의 위험을 단순한 지적 개념으로만 이해한다면 결코 아무것도 하지 않을 것이다. 관념과 행동 사이에는 갈등이 있고 그 갈등이 에너지를 다 써 버리기 때문이다. 조건화와 그 위험을, 절벽을 눈으로 직접 보듯이 즉각적으로 실감할 때에만 행동이 뒤따른다. 그러므로 진정으로 보는 것이 곧 행동이다.

우리 대부분은 무심하게 삶을 걸어가며 태어나고 자란 환경이 심어 준 방식대로 자동으로 반응한다. 그런 반응은 더 많은 속박을, 더 많은 조건화를 만들어 낼 뿐이다. 그러나 자신의 조건화에 온전한 주의(注意)를 기울이는 바로 그 순간 과거로부터 완전히 자유로워졌다는 것을, 과거가 저절로 떨어져 나갔다는 것을 보게 될 것이다.

3

의식이란 무엇인가

의식이란 무엇인가

3장

의식 – 삶의 총체성 – 자각

자신의 조건화를 알아차리게 될 때 의식(意識) 전체를 이해하게 될 것이다. 의식이란 생각이 작동하고 관계가 이뤄지는 삶 전체의 터전이다. 모든 동기, 의도, 욕망, 쾌락, 두려움, 영감, 갈망, 희망, 슬픔, 기쁨이 그 안에 있다. 그런데 우리는 이 의식을 둘로 나눠 왔다. 활동하는 층과 잠자는 층으로, 위층과 아래층으로. 위층은 표면에서 일어나는 일상적인 생각과 느낌과 활동이다. 아래층은 이른바 잠재의식으로 우리가 잘 알지 못하는 영역이며 가끔 암시나 직관이나 꿈을 통해 얼굴을 내민다.

우리는 의식의 작은 한 구석에만 몰두해 있으며 그것이 우리 삶의 대부분이다. 나머지, 우리가 잠재의식이라 부르는 것은, 온갖 동기와 두려움, 인종적·유전적으로 물려받은 것들까지 포함해서, 어떻게 들여다봐야 할지조차 모른다. 이제 묻겠다. 잠재의식이라는 것이 애초에 존재하기는 하는가? 우리는 이 말을 매우 자유롭게 사용한다. 그런 것이 있다고 당연히 받아들여 왔고 심리학자들의 온갖 전문 용어가 일상 언어 속에 스며들어 있다. 그러나 그것이 정말 존재하는가? 그리고 왜 우리는 그것에 그토록 대단한 중요성을 부여하는가? 나에게는 잠재의식도 표면의 의식과 마찬가지로 사소하고 어리석은 것으로 보인다. 똑같이 편협하고 완고하고 조건화되어 있으며 불안하고 지저분한 것으로.

그렇다면 의식의 전체를, 한 조각 한 단편이 아니라 온전히 자각하는 것이 가능한가? 전체를 자각할 수 있다면 늘 부분적인 주의가 아니라 온전한 주의로 살아가고 있는 것이다. 이것을 이해하는 것이 중요하다. 모든 생각과 느낌과 행동인 의식 전체를 온전히 자각하고 있을 때는 마찰이 없다. 의식을 여러 층으로 나눌 때에만 마찰이 생긴다.

우리는 조각조각 나뉜 채 살아간다. 직장에서는 한 사람이고 집에서는 다른 사람이다. 민주주의를 말하면서 속으로는 독재적이다. 이웃을 사랑한다고 말하면서 경쟁으로 그를 짓밟는다. 한 부분이 다른 부분과 따로 작동하며 따로 본다. 자기 안의 이 단편적인 삶을 알아차리고 있는가? 그리고 스스로의 기능을, 스스로의 생각을 조각조각 나누어 버린 뇌가 의식 전체를 자각하는 것이 가능한가? 의식 전체를 완전하고 온전하게 바라보는 것이, 완전한 인간 존재가 되는 것이 가능한가?

만약 온갖 복잡함을 가진 '나', 즉 자아(自我)의 전체 구조를 이해하기 위해 단계적으로 한 겹씩 벗기면서 모든 생각과 느낌과 동기를 하나하나 뜯어보며 나아간다면 분석의 덫에 빠지게 될 것이다. 그것은 몇 주, 몇 달, 몇 년이 걸릴 수 있다. 게다가 자기를 이해하려고 시간을 들이는 동안에도 자아는 멈추지 않는다. 온갖 압력과 긴장과 영향 속에서 움직이고 싸우고 원하고 부정하는 복잡한 존재이기 때문이다. 그 모든 왜곡을 일일이 감안해야 한다. 그렇게 하다 보면 이것이 올바른 방법이 아니라는 것을 스스로 깨닫게 된다. 자기 자신을 바라보는 유일한 방법은 온전하게, 즉 각적으로, 시간을 들이지 않고 바라보는 것이다. 그리고 정신이 조각나 있지 않을 때에만 자기 자신의 전체를 볼 수 있다는 것을 알게 된다. 전체 속에서 보는 것이 진리다.

그것이 가능한가? 우리 대부분은 할 수 없다. 이 문제에 그토록 진지하게 다가간 적이 없기 때문이고 자기 자신을 진정으로 바라본 적이 한 번도 없기 때문이다. 단 한 번도. 우리는 남을 탓하고 변명으로 설명하고 바라보는 것을 두려워한다. 그러나 온전하게 바라볼 때 존재 전체가 집중된다. 눈을, 귀를, 신경을, 온 주의를 한곳에 모은다. 완전히 자신을 내려놓고 주의를 기울인다.

그때 두려움이 들어설 자리가 없고 모순이 들어설 자리가 없으며 따라서 갈등도 없다.

주의(注意)는 집중(集中)과 다르다. 집중은 다른 것을 배제하는 것이다. 온전한 자각인 주의는 아무것도 배제하지 않는다. 우리 대부분은 제대로 자각하지 못하고 있는 것 같다. 우리가 이야기하는 것에 대해서뿐만 아니라 주변 환경, 색깔들, 사람들, 나무의 형태, 구름, 물의 움직임에 대해서도 마찬가지다. 아마도 자기 자신의 옹졸한 문제들, 관념, 쾌락, 추구, 야심에 너무 빠져 있어서 객관적으로 자각하지 못하는 것이다. 그러면서도 자각에 대해 말은 참 많이 한다.

한번은 인도에서 차로 여행하고 있었다. 운전사가 운전하고 내가 옆에 앉아 있었다. 뒤에 세 신사가 자각에 대해 매우 열띠게 토론하면서 나에게 자각에 관한 질문을 쏟아 내고 있었다. 바로 그 순간 운전사가 한눈을 팔다가 염소를 쳤다. 그런데 세 신사는 여전히 자각에 대해 토론하고 있었다. 염소를 쳤다는 것을 전혀 눈치채지 못한 채. 자각하려 그토록 애쓰던 그들에게 이 주의의 결핍을 지적했을 때 그것은 그들에게 큰 충격이었다.

우리 대부분도 마찬가지다. 바깥 것에도 안의 것에도 자각하지 못한다. 새 한 마리, 파리 한 마리, 나뭇잎 한 장, 혹은 온갖 복잡함을 가진 한 사람의 아름다움을 진정으로 이해하고 싶다면 온 주의를 기울여야 한다. 그것이 자각이다. 그리고 온 주의를 기울일 수 있는 것은 진정으로 관심을 가질 때뿐이다. 진정으로 이해하는 것을 사랑한다는 뜻이다. 그때 알아내기 위해 온 마음과 정신을 바친다.

그러한 자각은 방 안에 뱀과 함께 사는 것과 같다. 그것의 모든 움직임을 지켜보며 그것이 내는 아주 작은 소리에도 극도로 민감하다. 그러한 주의의 상태가 바로 온전한 에너지다. 그러한 자각 속에서 자신의 전체가 한 순간에 드러난다.

자기 자신을 그렇게 깊이 바라보았을 때 훨씬 더 깊이 들어갈 수 있다. '더 깊이'라는 말을 쓸 때 비교하는 것이 아니다. 우리는 비교로 생각하는 데 익숙하다. 깊은 것과 얕은 것, 행복한 것과 불행한 것, 언제나 재고 비교한다. 그런데 자기 안에 얕은 것과 깊은 것이라는 상태가 실제로 있는가? '내 정신은 얕고 옹졸하고 편협하며 제한되어 있다'고 말할 때 이것을 어떻게 아는가? 더 명석하고 더 유능하고 더 지성적이고 예민한 다른 사람의 정신과 나의 정신을 비교했기 때문이다. 비교 없이 나의 좁음을 알 수 있는가? 배가 고플 때 어제의 배고픔과 비교하지 않는다. 어제의 배고픔은 기억일 뿐이다.

만약 끊임없이 누군가와 자신을 비교하며 그처럼 되려 싸운다면 지금 있는 그대로의 나를 부정하는 것이다. 그래서 환상을 만들어 낸다. 어떤 형태든 비교는 더 큰 환상과 고통으로만 이어진다. 자기 자신을 분석하거나 지식을 조금씩 쌓거나 국가든 구원자든 이념이든 자기 밖의 무언가와 자신을 동일시하는 것도 마찬가지다. 그 모든 과정이 결국 더 큰 순응으로 더 큰 갈등으로만 이어진다. 이것을 볼 때 나는 그것을 완전히 내려놓는다. 그때 정신은 더 이상 찾아 헤매지 않는다. 이것을 이해하는 것이 매우 중요하다. 그때 정신은 더 이상 더듬거리지도 찾지도 물음을 던지지도 않는다. 이것은 정신이 지금 상태에 만족한다는 뜻이 아니다. 그러한 정신에는 환상이 없다. 그러한 정신은 전혀 다른 차원에서 움직일 수 있다. 우리가 보통 살아가는 차원, 고통과 쾌락과 두려움의 일상은 정신을 조건화하고 가둬 왔다. 그 고통과 쾌락과 두려움이 사라졌을 때, 이것은 기쁨이 없어진다는 뜻이 아니다. 기쁨은 쾌락과 전혀 다른 것이다. 그때 정신은 갈등도 '나와 다른 무언가'라는 감각도 없는 다른 차원에서 기능한다.

언어로는 여기까지만 갈 수 있다. 그 너머에 놓인 것은 말로 담을 수 없다. 말은 사물 자체가 아니기 때문이다. 여기까지는 묘사하고 설명할 수 있다. 그러나 어떤 말도, 어떤 설명도 문을 열 수 없다. 문을 여는 것은 일상의 자각과 주의다. 내가 어떻게 말하는지, 무엇을 말하는지, 어떻게 걷는지, 무엇을 생각하는지에 대한 자각이다. 그것은 방을 청소하고 정돈하는 것과 같다. 방을 정돈하는 것은 한 가지 의미에서는 중요하지만 다른 의미에서는 전혀 중요하지 않다. 방에는 질서가 있어야 한다. 그러나 그 질서가 문이나 창문을 열지는 않는다. 문을 여는 것은 의지나 욕망이 아니다. 그 무언가를 억지로 불러들일 수는 없다. 할 수 있는 전부는 방을 정돈하는 것이다. 그것이 가져다줄 무언가를 위해서가 아니라 그 자체로 올바르고 건강하며 이성적이기 때문에 그렇게 사는 것이다. 그러면 아마 운이 좋다면 창문이 열리고 바람이 들어올 것이다. 혹은 그렇지 않을 수도 있다. 그것은 정신의 상태에 달려 있다. 그리고 그 정신의 상태는 오직 자기 자신이, 그것을 지켜보면서, 결코 형성하려 하지 않고 결코 편을 들지 않고 결코 대립하지 않고 결코 동의하지 않고 결코 정당화하지 않고 결코 비난하지 않고 결코 판단하지 않으면서 이해할 수 있다. 이것은 곧 어떠한 선택도 없이 지켜본다는 것을 의미한다. 그리고 이 선택 없는 자각으로부터 아마 문이 열리고 갈등도 시간도 없는 그 차원이 무엇인지를 알게 될 것이다.

4

쾌락,
그리고
그
그림자

쾌락, 그리고
그 그림자

4장

쾌락의 추구 – 욕망 – 사유에 의한 왜곡 – 기억 – 기쁨

앞 장에서 기쁨은 쾌락과 전혀 다른 것이라고 했다. 그렇다면 쾌락에는 무엇이 따라오는지, 그리고 쾌락이 아니라 기쁨과 환희로 가득한 세계에서 사는 것이 실제로 가능한지를 살펴보자.

우리는 모두 어떤 형태로든 쾌락을 쫓고 있다. 지적 쾌락이든, 감각적 쾌락이든, 문화적 쾌락이든, 남을 돕는 쾌락이든, 사회의 문제를 고치는 쾌락이든, 선을 행하는 쾌락이든. 더 많은 지식, 더 큰 신체적 만족, 더 풍부한 경험, 삶에 대한 더 깊은 이해의 쾌락. 그리고 궁극의 쾌락은 물론 신을 소유하는 것이다.

쾌락은 사회 전체의 구조다. 어린 시절부터 죽는 날까지 우리는 은밀하게, 교묘하게, 혹은 노골적으로 쾌락을 쫓는다. 그러므로 쾌락이 어떤 형태이든 그것에 대해 아주 명확하게 볼 필요가 있다고 나는 생각한다. 쾌락이 우리의 삶을 이끌고 빚어 가기 때문이다. 우리 각자가 이 쾌락의 문제를 꼼꼼하고 섬세하게 들여다

보는 것이 중요하다. 쾌락을 발견하고 그것을 키우고 유지하는 것이 삶의 근본적인 요구이며 그것 없이는 존재가 둔하고 어리석고 외롭고 무의미해진다고 느끼기 때문이다.

그렇다면 왜 삶이 쾌락에 의해 이끌려서는 안 되는가? 이유는 아주 단순하다. 쾌락은 반드시 고통을, 좌절을, 슬픔을, 두려움을 데리고 오기 때문이다. 그리고 두려움은 폭력으로 이어진다. 그렇게 살고 싶다면 그렇게 살라. 세상의 대부분이 그렇게 살고 있다. 그러나 슬픔으로부터 자유롭고 싶다면 쾌락의 전체 구조를 이해해야 한다.

쾌락을 이해한다는 것은 그것을 부정하는 것이 아니다. 쾌락이 옳다거나 그르다고 말하는 것도 아니다. 다만 쾌락을 쫓을 것이라면 눈을 뜨고 하자. 쾌락을 쫓는 정신은 반드시 그 그림자인 고통을 만나게 된다는 것을 알면서. 쾌락과 고통은 하나의 쌍이다. 분리할 수 없다. 그런데도 우리는 쾌락을 뒤쫓으면서 고통은 피하려 한다.

그런데 정신은 왜 늘 쾌락을 원하는가? 왜 고귀한 일이든 하찮은 일이든 쾌락의 흐름과 함께 행하는가? 왜 쾌락이라는 가는 실 위에서 희생하고 고통받는가? 쾌락은 무엇이며 어떻게 생겨나는가? 이 물음들을 스스로에게 던지고 끝까지 따라가 본 적이 있는가?

쾌락은 네 단계를 거쳐 생겨난다. 지각, 감각, 접촉, 욕망이다.

예를 들어 아름다운 자동차를 본다. 바라보는 것에서 감각이 생기고 반응이 일어난다. 그다음 그것을 만지거나 만지는 상상을 한다. 그리고 그것을 갖고 싶고 그것으로 자신을 표현하고 싶은 욕망이 생긴다. 혹은 아름다운 구름을, 하늘을 배경으로 선명하게 솟은 산을, 봄에 막 나온 연한 잎사귀를, 사랑스럽고 장엄한 깊은 계곡을, 찬란한 석양을, 지성적이고 살아 있으며 꾸밈이 없어서 오히려 더 빛나는 아름다운 얼굴을 본다. 나는 이런 것들을 강렬한 환희로 바라본다. 바라보는 그 순간 바라보는 나는 없고 오직 사랑처럼 순수한 아름다움만이 있다. 한순간 나의 모든 문제와 불안과 고통은 사라진다. 오직 그 경이로운 것만이 있다. 나는 기쁨으로 그것을 보고 다음 순간 잊을 수 있다. 혹은 정신이 끼어들고 그때부터 문제가 시작된다. 정신은 본 것을 되새기며 얼마나 아름다웠는지를 떠올린다. 다시 보고 싶다고 스스로에게 말한다. 생각이 비교하고 판단하며 '내일 다시 봐야 한다'고 말하기 시작한다. 한 순간 환희를 줬던 그 경험의 연속이 이제 생각에 의해 유지된다.

성적인 욕망이든 다른 어떤 욕망이든 마찬가지다. 욕망 자체에는 아무 문제가 없다. 반응하는 것은 완전히 자연스럽다. 그러나 그때 생각이 끼어들어 그 환희를 되씹으며 쾌락으로 바꾼다. 생각은 그 경험을 반복하고 싶어 한다. 반복할수록 그것은 더 기계적으로 굳어진다. 생각하면 생각할수록 쾌락은 더 큰 힘을 얻는다. 그러므로 생각은 욕망을 통해 쾌락을 만들고 유지하며 그것에 지속성을 부여한다. 아름다운 것에 대한 자연스러운 반응이 생각에 의해 왜곡되는 것이다. 생각은 그것을 기억으로 바꾸고 기억은 계속 되새김으로써 살아난다.

물론 기억은 일상에서 필요하다. 기억 없이는 아무것도 할 수 없을 것이다. 기억이 필요한 영역에서는 날카롭고 효율적이어야 한다. 그러나 기억이 거의 자리를 차지하지 않는 정신의 상태가 있다. 기억에 의해 짓눌리지 않은 정신은 진정한 자유를 가진다.

무언가에 온 마음을 다해 완전하게 반응할 때 기억이 거의 남지 않는다는 것을 느껴 본 적이 있는가? 존재 전체로 반응하지 않을 때에만 갈등이, 투쟁이 생기며 이것이 혼란과 쾌락 혹은 고통을 낳는다. 그리고 그 투쟁이 기억을 낳는다. 그 기억은 다른 기억들과 뒤섞이면서 계속 쌓이고 이후 반응하는 것은 그 기억들이다. 기억에서 나온 것은 무엇이든 낡은 것이다. 그러므로 결코 자유롭지 않다. 생각이 자유롭다는 것은 착각이다.

생각은 결코 새롭지 않다. 생각은 기억과 경험과 지식의 반응이기 때문이다. 생각은 낡은 것이기에 환희로 바라보고 그 순간 대단하게 느꼈던 것을 낡게 만든다. 쾌락은 낡은 것에서 파생된다. 새로운 것에서는 결코 오지 않는다. 진정으로 새로운 것은 과거의 시간 밖에 있다.

그러므로 모든 것을, 어떤 얼굴을, 새를, 색 고운 옷감을, 햇빛에 반짝이는 물결을, 혹은 환희를 주는 무엇이든 쾌락이 스며들지 않게 하면서 바라볼 수 있다면, 그 경험이 반복되기를 바라지 않으면서 바라볼 수 있다면, 고통도 두려움도 없을 것이다. 그리고 거기에 대단한 기쁨이 있을 것이다.

쾌락을 고통으로 만드는 것은 쾌락을 반복하고 영속시키려는 투쟁이다. 자기 안에서 그것을 들여다보라. 쾌락을 다시 원하는 바로 그 요구가 고통을 가져온다. 어제와 같지 않기 때문이다. 어떤 아름다운 것을, 혹은 정신의 내면 상태를 다시 되살리려 싸우며 그것이 되지 않을 때 상처받고 실망한다.

작은 쾌락이 거부될 때 자신에게 어떤 일이 일어나는지 관찰해 본 적이 있는가? 원하는 것을 얻지 못할 때 불안해지고 시기하고 미워하게 된다. 술이든 담배든 성이든 다른 무엇이든, 쾌락이 거부될 때 어떤 싸움이 벌어지는지 알아차린 적이 있는가? 그리고 그 모든 것은 결국 두려움의 한 형태가 아닌가? 원하는 것을 얻지 못하거나 가진 것을 잃는 것에 대한 두려움. 오랫동안 믿어 온 어떤 신앙이나 이념이 논리에 의해, 혹은 삶 자체에 의해 흔들리거나 무너질 때, 홀로 서는 것이 두렵지 않은가? 그 신앙은 오랫동안 만족과 쾌락을 주었다. 그것이 무너질 때 홀로 남겨지고 공허해진다. 그리고 다른 형태의 쾌락, 다른 신앙을 찾을 때까지 두려움이 남는다.

이것은 아주 단순한 사실이다. 너무 단순하기에 오히려 우리는 그 단순함을 보기를 거부한다. 복잡하게 만들기를 좋아하기 때문이다. 배우자가 돌아설 때 질투하지 않는가? 분노하지 않는가? 그 사람을 끌어당긴 상대를 미워하지 않는가? 그리고 그 모든 것은 결국 큰 쾌락을 주었던 무언가를, 함께함의 따뜻함을, 안도와 소유의 만족감을 잃는 것에 대한 두려움이 아닌가?

그러므로 쾌락을 좇는 곳에는 반드시 고통이 따른다는 것을 이해했다면, 그렇게 살고 싶다면 그렇게 살라. 다만 눈을 감은 채 빠져들지는 말라. 그러나 만약 쾌락을 끝내고자 한다면, 그것은 곧 고통을 끝내는 것이다. 쾌락의 전체 구조에 온전한 주의를 기울여야 한다. 수도사처럼 억지로 잘라 버리는 것이 아니다. 죄라 여겨 눈을 감아 버림으로써 삶을 이해하는 생기를 스스로 죽이는 것이 아니다. 쾌락의 전체 의미와 본질을 있는 그대로 보는 것이다. 그때 삶에 대단한 기쁨이 찾아올 것이다. 기쁨에 대해 생각할 수는 없다. 기쁨은 즉각적인 것이다. 기쁨에 대해 생각하는 순간 그것은 쾌락으로 변해 버린다. 지금 이 순간 속에 사는 것은 아름다움을 즉각 알아차리는 것이며 그것으로부터 쾌락을 구하지 않으면서 그 안에서의 위대한 환희다.

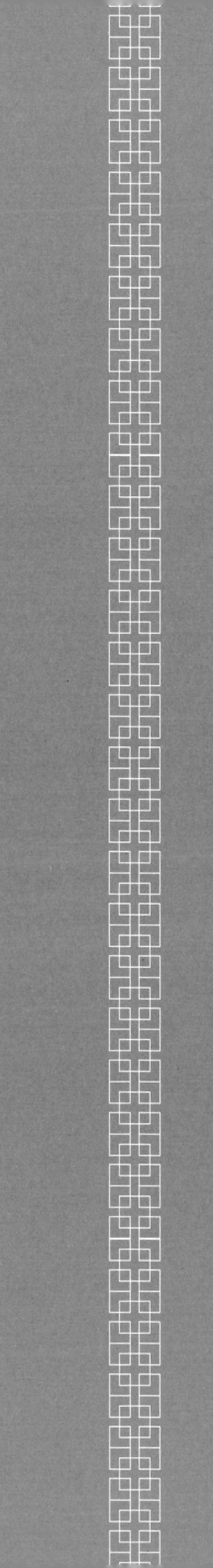

5

두려움의 뿌리까지

두려움의 뿌리까지

5장

자기 관심 – 지위에 대한 갈망 – 두려움들과 총체적 두려움 – 사유의
단편화 – 두려움의 종식

더 나아가기 전에, 삶에서 근본적이고 지속적인 관심이 무엇
인지 묻고 싶다. 모든 그럴싸한 답을 걷어 내고 이 물음을 직접적
으로 정직하게 대면한다면 무엇이라 답하겠는가? 정말 알고 있는
가?

자기 자신이 아닌가? 정직하게 답한다면 우리 대부분이 그렇게
말할 것이다. 나는 나의 성장, 나의 직업, 나의 가족, 내가 사는 작
은 세계, 더 좋은 자리를 얻는 것, 더 많은 명성, 더 많은 권력, 타인
에 대한 더 많은 영향력에 관심이 있다. 우리 대부분이 근본적으
로 관심을 갖는 것이 '나 자신'이라는 것, 그것을 스스로 솔직하게
인정하는 것이 그렇게 이상한 일인가?

일부는 자기 자신에게 관심을 갖는 것이 잘못이라고 말할 것이
다. 그러나 어디가 잘못인가? 다만 그것을 솔직하게 인정하는 일
이 드물다는 것, 인정하면 오히려 부끄러워한다는 것이 문제일 뿐

이다. 사실은 이렇다. 우리는 근본적으로 자기 자신에게 관심이 있다. 그런데 이런저런 이념적, 전통적 이유로 그것이 잘못이라고 생각한다. 하지만 그 생각은 중요하지 않다. 왜 굳이 잘못이라는 판단을 끌어들이는가? 그것은 관념이고 개념이다. 사실은 그냥, 우리는 근본적으로 그리고 지속적으로 자기 자신에게 관심이 있다는 것이다.

타인을 돕는 것이 자기 자신을 생각하는 것보다 더 만족스럽다고 말할 수 있다. 그러나 차이가 무엇인가? 여전히 자기 관심이다. 타인을 돕는 것이 더 큰 만족을 준다면 무엇이 더 큰 만족을 줄지에 관심이 있는 것이다. 왜 굳이 이념적 개념을 끌어들이는가? 왜 이중적으로 생각하는가? '내가 진정으로 원하는 것은 만족이다. 성에서든, 타인을 돕는 것에서든, 위대한 사람이 되는 것에서든'이라고 솔직하게 말하지 않는가? 같은 과정이 아닌가? 미묘하든 노골적이든 온갖 방식의 만족이 우리가 원하는 것이다. 자유를 원한다고 말할 때도 그것이 경이롭게 만족스러울 것이라고 생각하기 때문에 원하는 것이다. 우리가 진정으로 찾는 것은 불만이 전혀 없는 완전한 만족이다.

우리 대부분은 사회에서 지위를 갖는 것의 만족을 갈망한다. 아무것도 아닌 존재가 되는 것이 두렵기 때문이다. 사회는 존경받는 지위를 가진 사람은 크게 우대받고 지위 없는 사람은 무시당하도록 구성되어 있다. 세상 어디에서나 사람들은 지위를 원한다. 사회에서든 가족에서든 신의 오른편에 앉는 것이든. 그 지위는 반드시 타인에게 인정받아야 한다. 그렇지 않으면 지위가 아니다. 우리는 언제나 높은 자리에 앉고 싶어 한다. 내면으로는 고통과 혼란의 소용돌이이면서 바깥에서 위대한 인물로 여겨지는 것은 그래서 그토록 흐뭇한 것이다. 지위, 명성, 권력, 어떤 방식으로든 남보다 뛰어나다고 인정받으려는 이 갈망, 그것은 결국 타인을 지배하려는 욕망이다. 그리고 그 지배욕은 공격성의 한 형태다. 성스러움의 지위를 추구하는 성인도 농장 마당에서 서로 쪼아 대는 닭과 다를 바 없다. 그리고 이 공격성의 뿌리는 무엇인가? 두려움이 아닌가?

두려움은 삶에서 가장 큰 문제 중 하나다. 두려움에 사로잡힌 정신은 혼란 속에 갈등 속에 살며 폭력적이고 왜곡되며 공격적이 될 수밖에 없다. 스스로의 사고 방식에서 벗어나지 못하며 그것이 위선을 낳는다. 두려움으로부터 자유로워지기 전까지 가장 높은 산에 오르든 온갖 신을 만들어 내든 우리는 늘 어둠 속에 머물 것이다.

이 부패하고 어리석은 사회 속에서 두려움을 키우는 경쟁적 교육을 받으며 살아가기에 우리 모두는 어떤 형태로든 두려움의 짐을 지고 있다. 두려움은 우리의 나날을 비틀고 찌그러뜨리고 무감각하게 만드는 무서운 것이다.

　신체적 두려움이 있지만 그것은 동물로부터 물려받은 본능적 반응이다. 여기서 우리가 관심을 갖는 것은 심리적 두려움이다. 깊이 뿌리 박힌 심리적 두려움을 이해할 때 신체적 두려움에도 대처할 수 있다. 반면 신체적 두려움을 먼저 다루는 것은 심리적 두려움을 이해하는 데 아무 도움이 되지 않는다.

　우리는 모두 무언가를 두려워한다. 두려움은 추상 속에 있지 않다. 언제나 구체적인 무언가와의 관계 속에 있다. 자신의 두려움을 알고 있는가? 직업을 잃을 두려움, 돈이 부족할 두려움, 남들이 나를 어떻게 볼까 하는 두려움, 성공하지 못할 두려움, 사회적 지위를 잃을 두려움, 무시당하고 조롱당할 두려움, 고통과 질병의 두려움, 누군가에게 지배당할 두려움, 사랑이 무엇인지 영영 모를 두려움, 배우자나 아이를 잃을 두려움, 죽음의 두려움, 완전한 권태의 두려움, 다른 사람들이 나에 대해 가진 기대에 못 미칠 두려움, 신앙을 잃을 두려움, 이 모든 것과 셀 수 없이 많은 다른 두려움들. 자신의 특정한 두려움을 알고 있는가? 그리고 그것들을 보통 어떻게 다루는가? 도망치지 않는가? 혹은 그것을 덮기 위해 온갖 관념과 이미지를 만들어 내지 않는가? 그러나 두려움에서 도망치는 것은 두려움을 더 키울 뿐이다.

　두려움의 주요 원인 중 하나는 있는 그대로의 자기 자신을 직면하기 싫다는 것이다. 그러므로 두려움 자체뿐만 아니라 두려움을 피하기 위해 만들어 온 도피의 그물도 들여다보아야 한다. 정신이 두려움을 극복하거나 억누르거나 통제하거나 다른 것으로 변환하려 한다면 마찰이 생기고 갈등이 생기며 그 갈등은 에너지의 낭비다.

그렇다면 먼저 스스로에게 물어야 할 것은 이것이다. 나는 무엇을 두려워하는가'가 아니라 '두려움이란 무엇인가'를 스스로에게 묻는 것이다.

나는 특정한 방식으로 살아간다. 특정한 방식으로 생각한다. 특정한 신앙과 믿음을 갖고 있으며 그 안에 뿌리를 두고 있기에 그 삶의 방식이 흔들리는 것을 원하지 않는다. 흔들리면 알 수 없는 상태가 되고 나는 그것이 싫다. 내가 알고 믿는 것들로부터 찢겨 나가는 것이 싫다. 앞으로 어떻게 될지 어느 정도 확신하고 싶다. 그래서 뇌는 익숙한 패턴을 만들어 왔고 불확실할 수 있는 새로운 패턴 만들기를 거부한다. 확실한 것에서 불확실한 것으로의 이 이동, 이것이 내가 두려움이라고 부르는 것이다.

지금 이 순간 나는 두렵지 않다. 지금 여기서는 두렵지 않다. 아무 일도 일어나고 있지 않고 아무도 나를 위협하거나 나에게서 무언가를 빼앗아 가고 있지 않다. 그러나 지금 이 순간 너머에서, 의식적으로든 무의식적으로든, 미래에 어떤 일이 생길지 생각하거나 과거의 무언가가 되살아날까 봐 걱정하는 더 깊은 층이 정신 안에 있다. 그래서 과거를 두려워하고 미래를 두려워한다. 생각이 끼어들어 속삭인다. '조심해. 그런 일이 다시 일어나지 않도록.' 혹은 이렇게 말한다. '미래에 대비해 지금 가진 것을 잃을 수 있다. 내일 죽을 수 있다. 배우자가 떠날 수 있다. 직업을 잃을 수 있다. 외로울 수 있다.'

이제 자신의 특정한 두려움을 하나 골라 보라. 그것을 바라보라. 그것에 대한 반응을 관찰하라. 도망치거나 정당화하거나 억누르려는 어떤 움직임도 없이 그것을 바라볼 수 있는가? 두려움을 일으키는 말 없이 그 두려움을 볼 수 있는가? 예를 들어 '죽음'이라는 말 없이 죽음을 바라볼 수 있는가? '죽음'이라는 말 자체가 이미 전율을 가져오지 않는가? '사랑'이라는 말이 그 자체의 울림과 이미지를 품고 있듯이? 죽음에 대해 머릿속에 갖고 있는 이미지, 수많은 죽음을 목격한 기억과 그것을 나 자신과 연결시키는 것, 그 이미지가 두려움을 만들어 내고 있는 것인가? 아니면 실제로 끝나는 것을, 이미지가 아니라 끝남 그 자체를 두려워하고 있는 것인가? '죽음'이라는 말이 두려움을 만드는가, 아니면 실제 끝남이 두려움을 만드는가? 만약 말이나 기억이 두려움을 만들고 있다면 그것은 진짜 두려움이 아니다.

예를 들어 2년 전에 병을 앓았다고 하자. 그 고통과 질병의 기억이 남아 있고 지금 그 기억이 '조심해라, 다시 병들지 말라'고 말한다. 기억이 두려움을 만들고 있는 것이다. 그러나 지금 이 순간 나는 건강하다. 그러므로 그것은 진짜 두려움이 아니다. 생각은 언제나 낡은 것이다. 생각은 기억의 반응이고 기억은 언제나 과거의 것이기 때문이다. 생각은 시간 속에서 두렵다는 느낌을 만들어 내지만 그것은 지금의 사실이 아니다. 지금의 사실은 건강하다는 것이다.

그렇다면 생각이 두려움을 낳는다는 것을 알겠다. 그런데 생각과 별개로 두려움이 있기는 한가? 두려움은 항상 생각의 결과인가? 우리는 죽음을, 즉 내일이나 모레에 일어날 무언가를 두려워한다. 지금과 앞으로 일어날 것 사이에 거리가 있다. 생각이 그 거리를 만든다. 죽음을 관찰하면서 '나도 죽을 것이다'라고 말한다. 생각이 죽음의 두려움을 만들어 낸다. 만약 생각이 그것을 만들어 내지 않는다면 어떤 두려움이 남겠는가?

두려움은 생각의 결과인가? 만약 그렇다면 생각은 언제나 낡은 것이므로 두려움도 언제나 낡은 것이다. 새로운 생각이란 없다. 무언가를 인식하는 순간 그것은 이미 과거가 된다. 그러므로 우리가 두려워하는 것은 낡은 것의 반복이다. 있었던 것을 생각이 미래로 투사하는 것이다. 생각이 두려움에 대해 책임이 있다. 이것은 사실이며 스스로 볼 수 있다. 무언가에 즉각 직면할 때는 두려움이 없다. 생각이 끼어들 때에만 두려움이 생긴다.

그러므로 이제 물음은 이것이다. 정신이 완전하고 온전하게 지금 이 순간 속에서 사는 것이 가능한가? 오직 그런 정신만이 두려움이 없다. 그러나 이것을 이해하기 위해서는 생각과 기억과 시간의 구조를 이해해야 한다. 그리고 그것을 이해하는 것, 머리로만이 아니라 말로만이 아니라 몸과 마음 전체로 이해하는 것으로 두려움으로부터 자유로워질 것이다. 그때 정신은 두려움을 만들지 않으면서 생각을 사용할 수 있게 된다.

생각은 기억과 마찬가지로 일상에서 필요하다. 소통하고 일하는 데 우리가 가진 유일한 도구다. 생각은 기억의 반응이며 기억은 경험과 지식과 전통과 시간을 통해 쌓여 온 것이다. 그 기억의 바탕에서 우리는 반응하며 그 반응이 생각하는 것이다. 그러므로 생각은 특정 수준에서 꼭 필요하다. 그러나 생각이 심리적으로 과거와 미래로 자기 자신을 투사하여 쾌락뿐만 아니라 두려움도 만들어 낼 때 정신은 굳어지고 행동하지 못하게 된다.

그래서 스스로에게 묻는다. 왜 쾌락과 고통의 관점에서 과거와 미래에 대해 생각하는가? 그런 생각이 두려움을 만든다는 것을 알면서? 심리적으로 생각이 멈추는 것이 가능하지 않은가? 그렇지 않으면 두려움은 결코 끝나지 않을 것이므로. 생각의 기능 중 하나는 언제나 무언가에 몰두해 있는 것이다. 우리 대부분은 정신이 계속 무언가에 바빠 있기를 원한다. 그래서 있는 그대로의 자기 자신을 보는 것으로부터 차단된다. 우리는 비어 있는 것을 두려워한다. 우리 자신의 두려움을 바라보는 것도 두려워한다.

의식적으로는 두려움을 알아차릴 수 있다. 그러나 정신의 더 깊은 층에서 그것을 자각하고 있는가? 숨겨진 두려움을 어떻게 찾아낼 것인가? 두려움이 의식적인 것과 잠재적인 것으로 나뉘는가? 이것은 매우 중요한 물음이다. 심리학자들과 분석가들은 두려움을 깊은 층과 얕은 층으로 나눴다. 그러나 만약 그들의 이론을 따른다면 그들의 이론을 이해하는 것이지 자기 자신을 이해하는 것이 아니다. 프로이트를 따르든 융을 따르든 나를 따르든 그것으로는 자기 자신을 이해할 수 없다. 두려움이 의식적인 것과 잠재적인 것으로 나뉘는가라는 물음은 스스로에게 던져야 한다. 혹은 다른 형태로 나타나는 하나의 두려움만이 있는 것인가? 욕망은 하나다. 욕망의 대상은 바뀌지만 욕망 자체는 같다. 아마 두려움도 마찬가지일 것이다. 온갖 것을 두려워하지만 결국 하나의 두려움이다.

두려움이 나뉠 수 없다는 것을 깨달을 때 잠재의식이라는 문제는 완전히 사라진다. 두려움이 다양하게 표현되는 하나의 단일한 움직임이라는 것을 이해하고 그 움직임이 향하는 대상이 아니라 움직임 자체를 볼 때 커다란 물음 앞에 선다. 조각조각 나뉘어 사고하는 정신이 그 전체 두려움을 어떻게 바라볼 수 있는가?

총체적 두려움은 하나다. 그러나 단편들로 나뉘어 생각하는 정신이 이 전체 그림을 관찰할 수 있는가? 우리는 단편적으로 살아왔고 전체 두려움을 조각난 생각의 과정을 통해서만 바라볼 수 있다. 생각의 전체 메커니즘은 모든 것을 조각으로 부수는 것이다. 나는 당신을 사랑하고 당신을 증오한다. 당신은 나의 적이고 당신은 나의 친구다. 나의 직업, 나의 지위, 나의 명성, 나의 배우자, 나의 아이, 나의 나라와 당신의 나라, 나의 신과 당신의 신, 이 모든 것이 생각의 단편화다. 그리고 이 조각난 생각이 두려움의 전체 상태를 바라보려 하며 그것을 다시 조각으로 환원시킨다. 그러므로 정신은 생각의 움직임이 없을 때에만 이 전체 두려움을 볼 수 있다.

두려움에 대해 쌓아 온 지식의 어떤 간섭도 없이 어떤 결론도 없이 두려움을 관찰할 수 있는가? 할 수 없다면 관찰하는 것은 과거이지 두려움이 아니다. 할 수 있다면 처음으로 두려움을 있는 그대로 보는 것이다.

정신이 고요할 때에만 진정으로 관찰할 수 있다. 누군가의 말을 들을 수 있는 것은 정신이 스스로와 수다를 떨지 않을 때, 자신의 문제와 불안에 대해 혼잣말을 하지 않을 때뿐인 것처럼. 같은 방식으로 두려움을 없애려 하지 않고 그 반대인 용기를 끌어들이지 않고 실제로 바라보면서 도망치려 하지 않으면서 자신의 두려움을 바라볼 수 있는가? '통제해야 한다, 없애야 한다, 이해해야 한다'고 말하는 순간 도망치고 있는 것이다.

구름이나 나무나 강의 움직임은 꽤 고요한 정신으로 관찰할 수 있다. 그것들이 그다지 긴박하지 않기 때문이다. 그러나 자기 자신을 관찰하는 것은 훨씬 더 어렵다. 거기서의 요구가 매우 절박하고 반응이 매우 빠르기 때문이다. 그러므로 두려움이나 절망, 외로움이나 질투, 혹은 정신의 어떤 추악한 상태와 직접 마주하고 있을 때 그것을 볼 수 있을 만큼 정신이 충분히 고요할 수 있는가?

정신은 두려움의 여러 형태가 아니라 두려움 그 자체를, 무엇을 두려워하는지가 아니라 전체 두려움을 볼 수 있는가? 두려움의 세부 사항만을 들여다보거나 두려움을 하나하나 다루려 한다면 핵심, 즉 두려움과 함께 사는 법을 배우는 것에 결코 이르지 못할 것이다.

두려움과 같은 살아 있는 것과 함께 산다는 것은 어떤 결론도 없이 두려움의 모든 움직임을 따라갈 수 있는 섬세한 정신을 요구한다. 그것을 관찰하고 그것과 함께 살 때, 이것은 하루 종일 걸리지 않는다. 두려움의 전체 본성을 이해하는 데는 1분, 아니 1초면 된다. 그토록 완전하게 두려움과 함께 살 때 자연스럽게 묻게 된다. '두려움과 함께 살고 있는 이 존재는 누구인가? 두려움을 관찰하고 두려움의 온갖 움직임을 지켜보면서 동시에 두려움의 핵심을 알아차리고 있는 것은 누구인가? 그 관찰자는 죽은 존재인가. 자기에 대한 지식과 정보를 잔뜩 쌓아 온 고정된 실체로서 두려움의 움직임을 지켜보고 있는 것인가? 관찰자는 과거인가, 살아 있는 것인가?' 나에게 답하지 말라. 자기 자신에게 답하라. 관찰자인 우리는 살아 있는 것을 바라보는 죽은 존재인가 아니면 살아 있는 것을 바라보는 살아 있는 존재인가? 관찰자 안에는 이 두 상태가 모두 존재하기 때문이다.

관찰자는 두려움을 원하지 않는 검열자다. 관찰자는 두려움에 대한 자신의 모든 경험의 총합이다. 그러므로 관찰자는 두려움이라 부르는 것과 분리되어 있다. 그 사이에 공간이 있다. 관찰자는 끊임없이 두려움을 극복하거나 그것에서 도망치려 한다. 이렇게 해서 자기 자신과 두려움 사이의 끊임없는 싸움이 생긴다. 이 싸움은 엄청난 에너지의 낭비다.

관찰하면서 배운다. 관찰자는 사실 아무런 실체가 없는 관념과 기억의 덩어리에 불과하다는 것을, 그러나 두려움은 실재한다는 것을 배운다. 그리고 머릿속 개념으로 살아 있는 사실을 이해하려 하고 있다는 것을. 물론 그것은 불가능하다. 그런데 사실 '나는 두렵다'고 말하는 관찰자가 두려움과 다른 존재인가? 관찰자가 곧 두려움이다. 이것이 깨달아질 때 두려움을 없애려는 싸움 속에서 에너지를 낭비하는 일이 더 이상 없다. 관찰자와 관찰되는 것 사이의 거리가 사라진다. 두려움의 일부라는 것을, 두려움과 분리된 것이 아니라는 것을, 자신이 두려움이라는 것을 볼 때 그것에 대해 더 이상 아무것도 할 수 없다. 그때 두려움은 온전히 끝난다.

6

폭력으로부터 자유로울 수 있는가

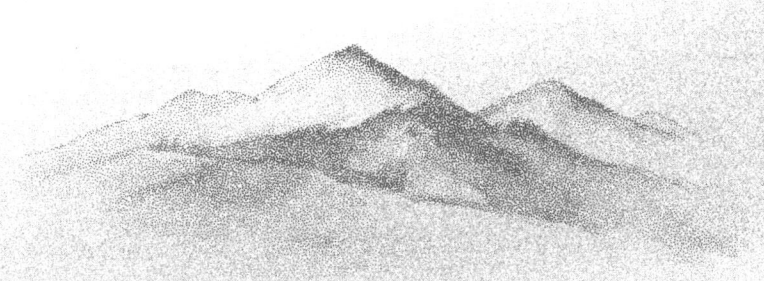

폭력으로부터
자유로울 수 있는가

6장

폭력 - 분노 - 정당화와 비난 - 이상과 실제

두려움, 쾌락, 슬픔, 생각, 폭력은 모두 서로 연결되어 있다. 우리 대부분은 폭력에서 쾌락을 얻는다. 누군가를 싫어하는 것, 특정 인종이나 집단을 증오하는 것, 타인에게 적대감을 갖는 것에서. 그러나 모든 폭력이 사라진 정신 상태에는 갈등과 증오와 두려움을 동반하는 폭력의 쾌락과는 전혀 다른 기쁨이 있다.

폭력의 바로 그 뿌리까지 가서 그것으로부터 자유로워질 수 있는가? 그렇지 않으면 우리는 영원히 서로 싸우며 살 것이다. 그것이 살고 싶은 방식이라면 분명히 대부분의 사람들은 그렇게 살고 있다, 그렇게 살라. 만약 '폭력은 결코 끝날 수 없다'고 말한다면 우리는 소통할 방법이 없다. 스스로를 닫은 것이다. 그러나 다른 삶의 방식이 있을 수 있다고 말한다면 우리는 함께 나아갈 수 있다.

그러므로 함께 이 물음을 깊이 들여다보자. 이 잔혹한 세계에 살면서도 우리 안의 모든 형태의 폭력을 온전히 끝내는 것이 가능한지를. 나는 가능하다고 생각한다. 나는 내 안에 증오, 질투, 불안, 두려움의 그림자 하나도 남지 않기를 바란다. 나는 완전한 평화 속에서 살기를 원한다. 그것은 죽고 싶다는 뜻이 아니다. 나는 이 경이로운 대지에서, 그토록 풍요롭고 아름다운 이 땅에서 살고 싶다. 나무와 꽃과 강과 초원과 사람들을 바라보면서 동시에 나 자신과 세계와 완전한 평화 속에서 살기를 원한다. 무엇을 할 수 있는가?

사회에서의 바깥 폭력, 전쟁, 폭동, 민족 간의 적대, 계급 갈등뿐만 아니라 우리 자신 안의 폭력을 어떻게 바라보는지 안다면 아마 그것을 넘어설 수 있을 것이다.

이것은 매우 복잡한 문제다. 수 세기에 걸쳐 인간은 폭력적이었고 세계 모든 종교가 인간을 길들이려 했지만 아무것도 성공하지 못했다. 그러므로 이 물음 속으로 들어간다면 적어도 매우 진지해야 한다고 나는 생각한다. 이것은 전혀 다른 영역으로 이끌어 갈 것이기 때문이다. 그러나 지적 유희로 이 문제를 가지고 놀려 한다면 멀리 가지 못할 것이다.

스스로는 진지하지만 세상의 많은 다른 사람들이 진지하지 않은데 혼자 무언가를 해서 무슨 소용이냐고 느낄 수 있다. 나는 다른 사람들이 이것을 진지하게 받아들이든 말든 관심이 없다. 내 자신이 진지하게 받아들이면 그것으로 충분하다. 나는 남의 보호자가 아니다. 인간 존재로서 나는 이 폭력의 문제를 매우 강하게 느끼며 내 안에서 폭력적이지 않도록 할 것이다. 그러나 '폭력적이지 말라'고 말할 수는 없다. 스스로 원하지 않는 한 그것은 의미가 없다. 그러므로 진정으로 이 폭력의 문제를 이해하고 싶다면 함께 계속 나아가자.

이 폭력의 문제는 저 바깥에 있는가, 아니면 여기 내 안에 있는가? 바깥 세계에서 폭력을 해결하기를 원하는가, 아니면 자기 안에 있는 폭력 그 자체에 물음을 던지고 있는가? 만약 내 안의 폭력으로부터 자유롭다면 이런 물음이 생긴다. '폭력과 탐욕과 잔혹함으로 가득한 세계에서 어떻게 살 것인가? 파괴되지 않겠는가?' 이것은 반드시 나오는 물음이다. 그러나 그런 물음을 던질 때 실제로 평화롭게 살고 있지 않은 것 같다. 진정으로 평화롭게 산다면 아무 문제가 없을 것이다. 군대 입대를 거부해 투옥되거나 싸움을 거부해 총살당할 수도 있다. 그러나 그것은 문제가 아니다. 그냥 총살당하는 것이다. 이것을 이해하는 것은 대단히 중요하다.

우리는 폭력을 관념이 아니라 사실로서, 인간 존재 안에 있는 사실로서 이해하려 하고 있다. 그리고 인간 존재란 나 자신이다. 이 문제 속으로 들어가기 위해 나는 그것에 완전히 열려 있어야 한다. 스스로를 나 자신에게 드러내야 한다. 어떤 지점에서도 멈춰 '더 이상 가지 않겠다'고 말하지 않는 정신 상태에 있어야 한다.

내가 폭력적인 인간 존재라는 것이 분명해야 한다. 분노에서 폭력을, 성적 요구에서 폭력을, 증오에서 적의를 만드는 폭력을, 질투에서 폭력을 경험해 왔다. 그것을 알고 있으며 스스로에게 말한다. '전쟁에서 드러나는 한 단면만이 아니라 동물에게도 있고 내가 그 일부인 이 인간 안의 공격성 전체를 이해하고 싶다.'

폭력은 단지 다른 사람을 죽이는 것만이 아니다. 날카로운 말을 쓸 때, 사람을 밀쳐 내는 손짓을 할 때, 두려움 때문에 복종할 때, 그것도 폭력이다. 폭력은 신의 이름으로, 국가의 이름으로 행해지는 조직적 살육만이 아니다. 훨씬 더 미묘하고 깊은 곳에 있으며 우리는 바로 그 깊은 곳을 탐구하고 있다.

자신을 한국인이라, 무슬림이라, 기독교인이라, 유럽인이라 부를 때 폭력적인 것이다. 왜 폭력적인지 보이는가? 나머지 인류로부터 스스로를 분리하고 있기 때문이다. 신앙으로, 국적으로, 전통으로 자신을 나눌 때 그것이 폭력을 낳는다. 그러므로 폭력을 진정으로 이해하고자 하는 사람은 어떤 나라에도, 어떤 종교에도, 어떤 정당이나 이념 체계에도 속하지 않는다. 그는 인류 전체의 이해에 관심을 갖는다.

폭력에 관해 두 가지 주요 입장이 있다. 하나는 '폭력은 인간에게 본래부터 있는 것이다'라고 말하고 다른 하나는 '폭력은 인간이 살아온 사회적, 문화적 환경의 결과다'라고 말한다. 어느 쪽인지는 우리의 관심사가 아니다. 중요한 것은 우리가 폭력적이라는 사실이지 그 이유가 아니다.

폭력의 가장 흔한 표현 중 하나가 분노다. 배우자나 가족이 공격받으면 나는 정당하게 분노한다고 말한다. 내 나라가 공격받으면, 나의 관념과 원칙과 삶의 방식이 공격받으면 나는 정당하게 분노한다. 사소한 의견이 공격받아도 분노한다. 발을 밟히거나 모욕을 당하면 분노한다. 배우자가 다른 사람에게로 가면 질투하며 그것은 정당한 질투라고 불린다. 이 모든 분노는 도덕적으로 정당화된다. 나라를 위해 죽이는 것도 정당화된다. 그렇다면 분노에 대해 이야기할 때 우리는 정당한 분노와 부당한 분노로 나눠 바라보는가 아니면 오직 분노 그 자체만을 보는가? 정당한 분노란 있는 것인가? 아니면 오직 분노만이 있는가? 좋은 영향, 나쁜 영향이란 따로 없다. 오직 영향만이 있을 뿐이다. 다만 내 마음에 들지 않는 영향을 받을 때 나는 그것을 나쁜 영향이라고 부르는 것이다.

가족을, 나라를, 국기라 불리는 색칠된 천 조각을, 신앙을, 관념을, 교의를 보호하려는 순간, 바로 그 보호하려는 움직임이 이미 분노를 품고 있다. 그렇다면 어떤 설명이나 정당화 없이 '내 것을 지켜야 한다'거나 '분노할 만했다'거나 '분노하다니 어리석었다'고 말하지 않으면서 분노를 바라볼 수 있는가? 분노를 그 자체로 있는 무언가인 것처럼 변호하지도 비난하지도 않으면서 완전히 객관적으로 바라볼 수 있는가?

적대적이거나 칭찬하는 마음으로 바라볼 때 제대로 볼 수 없다. 그 두 가지 없이 그저 어떤 돌봄으로 바라볼 때에만 볼 수 있다. 분노를 그런 방식으로 바라볼 수 있는가? 이것은 내가 그 문제에 대해 완전히 열려 있다는 것을, 저항하지 않는다는 것을, 어떤 반응도 없이 이 현상을 관찰한다는 것을 의미한다.

분노를 가만히 바라보는 것은 매우 어렵다. 그것이 나의 일부이기 때문이다. 그러나 그것이 내가 하려는 것이다. 여기 내가 있다, 폭력적인 인간 존재. 이 폭력을 물려받은 것인지 사회가 만들어 낸 것인지에 관심이 없다. 내가 관심을 갖는 것은 오직 하나다. 그것으로부터 자유로워지는 것이 가능한가이다. 폭력으로부터의 자유는 내게 모든 것을 의미한다. 돈보다, 지위보다 더 중요하다. 이것이 나를, 세계를 파괴하고 있기 때문이다. 나는 그것을 이해하고 싶고 넘어서고 싶다. 세계의 이 모든 분노와 폭력에 대해 내가 책임이 있다고 느낀다. 이것은 단순한 말이 아니다. 그리고 스스로에게 말한다. '내 자신이 분노와 폭력과 민족주의를 넘어설 때에만 진정으로 무언가를 할 수 있다.' 내 안의 폭력을 이해해야 한다는 이 느낌이 알아내기 위한 대단한 활력과 열정을 가져온다.

그러나 폭력을 넘어서기 위해 그것을 억압할 수 없고 부정할 수 없으며 '원하지 않는다'고 말할 수 없다. 그것을 바라보아야 하고 탐구해야 하며 그것과 깊이 친해져야 한다. 그리고 비난하거나 정당화한다면 그것과 친해질 수 없다. 그러므로 내가 말하는 것은 이것이다. 당분간 비난하는 것을, 그리고 정당화하는 것을 멈추라.

이제 폭력을 끝내고 싶다면, 전쟁을 끝내고 싶다면, 자신의 얼마만큼을 그것에 진지하게 바치고 있는가? 아이들이 죽는 것이, 아들이 군대에 가서 학대당하고 죽임당하는 것이 중요하지 않은가? 관심이 없는가? 그렇다면 무엇에 관심이 있는가? 돈? 즐거운 시간? 자기 안의 이 폭력이 아이들을 파괴하고 있다는 것이 보이지 않는가? 아니면 그것을 그저 추상적인 것으로만 보는가?

좋다, 관심이 있다면 온 마음과 정신으로 주의를 기울여라. 뒤로 기대앉아 '다 말해 달라'고 하지 말라. 비난하거나 정당화하는 눈으로는 분노도 폭력도 볼 수 없다. 그리고 이 폭력이 불타는 문제가 아니라면 그 두 가지를 치워 버릴 수 없다. 그러므로 먼저 배워야 한다. 분노를 어떻게 바라보는지, 가족을 어떻게 바라보는지 배워야 한다. 왜 스스로가 객관적이지 않은지, 왜 비난하거나 정당화하는지를 배워야 한다. 비난하고 정당화하는 것은 살아온 사회 구조의 일부이며 그 조건화가 정신을 무디게 만든다. 무딘 도구로는 깊이 들어갈 수 없다. 우리가 지금 하고 있는 것은 온갖 정당화와 비난으로 무뎌진 정신을, 즉 도구를 날카롭게 하는 것이다. 바늘처럼 날카롭고 다이아몬드처럼 강한 정신만이 깊이 꿰뚫을 수 있다.

그저 뒤로 기대앉아 '그런 정신을 어떻게 가질 수 있는가?'라고 묻는 것은 소용없다. 다음 끼니를 원하듯이 그것을 원해야 한다. 그리고 정신을 무디고 어리석게 만드는 것이 바로 이 비난과 정당화이며 그것이 스스로를 두꺼운 벽으로 가둬 왔다는 것을 보아야 한다. 정신이 그것에서 벗어날 수 있다면 바라보고 탐구하고 꿰뚫을 수 있다. 그리하면 아마 문제 전체를 온전히 자각하는 상태에 이를 수 있다.

그러므로 핵심으로 돌아오자. 우리 안의 폭력을 뿌리째 끝내는 것이 가능한가? '변하지 않았다, 왜 변하지 않았는가?'라고 말하는 것 자체가 폭력의 한 형태다. 나는 그렇게 하고 있지 않다. 무언가를 확신시키는 것은 나에게 아무런 의미가 없다. 그것은 각자의 삶이지 나의 삶이 아니다. 나는 다만 묻고 있다. 어떤 사회에서 살든 인간 존재가 내면에서 자기 안의 폭력을 제거하는 것이 가능한가? 만약 가능하다면 바로 그 과정이 이 세계에서 전혀 다른 삶의 방식을 만들어 낼 것이다.

우리 대부분은 폭력을 삶의 방식으로 받아들여 왔다. 두 번의 끔찍한 전쟁은 인간 사이에 더 많은 장벽을 쌓는 것 외에는 아무것도 가르쳐 주지 않았다. 폭력에서 벗어나고 싶은 우리에게 그것을 어떻게 할 것인가? 분석을 통해서는, 스스로 하든 전문가가 하든, 아무것도 얻어지지 않는다고 나는 생각한다. 약간 자기 자신을 다듬고 좀 더 조용하게 좀 더 다정하게 살 수는 있을 것이다. 그러나 그것 자체가 전체를 보는 눈을 주지는 않는다. 다만 분석하는 과정에서 정신이 날카로워지는 것은 사실이다. 그리고 전체를 보는 것은 바로 그 날카로움의, 주의의, 진지함의 질에서 온다. 세부를 꿰뚫어 볼 수 있을 때 그리고 그로부터 전체로 넘어설 때에만 전체를 보는 눈이 생긴다.

우리 가운데 일부는 폭력에서 벗어나기 위해 비폭력이라는 이상을 내세워 왔다. 폭력의 반대인 비폭력의 이상을 가짐으로써 실제 폭력을 없앨 수 있다고 생각한다. 그러나 그럴 수 없다. 무수한 이상을 가져 왔고 모든 성스러운 책들이 그것으로 가득하다. 그러나 여전히 폭력적이다. 그렇다면 이상은 내려놓고 폭력 그 자체를 다루는 것이 어떻겠는가?

실제를 이해하고자 한다면 온 주의와 에너지를 그것에 기울여야 한다. 허구적인 이상의 세계를 만들어 낼 때 그 주의와 에너지가 흩어진다. 진리가, 사랑이 무엇인지 알아내려는 진지한 사람은 어떤 개념도 갖고 있지 않다. 그는 오직 지금 있는 것 속에서만 산다.

자신의 분노를 탐구하기 위해서는 그것에 대해 어떤 판단도 내려서는 안 된다. 분노의 반대를 생각하는 순간 그것을 비난하는 것이며 그러면 있는 그대로의 분노를 볼 수 없다. 누군가를 싫어하거나 증오한다고 할 때 그것은 끔찍하게 들릴지 몰라도 사실이다. 그것을 바라보고 완전히 그 안으로 들어가면 그것은 사라진다. 그러나 '증오해서는 안 된다, 마음에 사랑을 가져야 한다'고 말한다면 이중 기준을 가진 위선적 세계에서 살고 있는 것이다. 완전하게 그 순간 속에 사는 것은 비난이나 정당화 없이 있는 그대로의 것과 함께 사는 것이다. 그때 그것을 너무 완전하게 이해하여 그것과 끝내게 된다. 문제를 명료하게 볼 때 문제는 해결된다.

그러나 폭력의 얼굴을 명료하게 볼 수 있는가. 바깥의 폭력뿐 아니라 안의 폭력까지.

이는 폭력으로부터 온전히 자유롭다는 것을 의미한다. 그것을 없애기 위한 이념을 허용하지 않았기 때문이다. 이것은 깊은 통찰을 요구하며 단순한 말의 동의나 반대가 아니다.

지금까지 일련의 내용을 읽었다. 그런데 진정으로 이해했는가? 조건화된 정신, 삶의 방식, 사회 전체의 구조가 사실을 바라보고 즉각 그것으로부터 자유로워지는 것을 가로막는다. 이렇게 말할 수 있다. '그것에 대해 생각해 보겠다. 자유로워지는 것이 가능한지 숙고해 보겠다. 노력해 보겠다.' 이것은 가장 무서운 말 중 하나다. '노력해 보겠다.' 노력이란 없다. 하거나 하지 않거나다. 집이 불타고 있는데 시간을 허비하고 있다. 세계와 자기 안의 폭력으로

집이 불타고 있는데 이렇게 말한다. '가장 좋은 방법이 무엇인지 생각해 보겠다.'

집이 불타는데 물을 길어오는 사람의 머리카락 색을 따질 때인가?

7

우리는 서로를 진짜 보고 있는가

우리는 서로를
진짜 보고 있는가

관계 - 갈등 - 사회 - 빈곤 - 약물 - 의존 - 비교 - 욕망 - 이상 - 위선

폭력이 끝난다고 해서 반드시 스스로와 모든 관계에서 평화로운 상태가 되는 것은 아니다. 인간 사이의 관계는 이미지를 만들어 가는 방어적 기제에 기초한다. 모든 관계에서 우리 각자는 상대에 대한 이미지를 만들며 실제로 관계를 맺는 것은 그 두 이미지이지 인간 존재 자신이 아니다. 아내는 남편에 대한 이미지를 가지고 있다. 의식적이지 않을 수 있지만 분명히 거기 있다. 남편도 아내에 대한 이미지를 갖고 있다. 나라에 대한 이미지, 자기 자신에 대한 이미지를 갖고 있으며 끊임없이 그 이미지들을 더욱 굳혀 간다. 관계를 맺는 것은 이 이미지들이다. 두 사람 사이의 진정한 관계는 이미지가 만들어지는 순간 완전히 끝난다.

이미지에 기초한 관계가 평화를 가져올 수 없다는 것은 분명하다. 이미지는 허구이며 추상 속에서는 살 수 없기 때문이다. 그러나 그것이 우리 모두가 하고 있는 것이다. 관념 속에서, 이론 속에

서, 상징 속에서, 자기 자신과 타인에 대해 만들어 낸 이미지 속에서 사는 것. 그리고 그것들은 전혀 실재가 아니다. 재산이든, 관념이든, 사람이든, 우리의 모든 관계는 본질적으로 이 이미지 형성에 기초한다. 그러므로 언제나 갈등이 있다.

그렇다면 어떻게 자기 안에서, 그리고 모든 관계에서 완전한 평화를 이룰 수 있는가? 결국 삶은 관계 속의 움직임이다. 그 삶이 추상이나 관념이나 허구적 가정에 기초한다면 그런 삶은 필연적으로 모든 관계를 전쟁터로 만들 것이다. 그러므로 어떤 강제도, 모방도, 억압도, 억지로 올라가려는 노력도 없이 완전히 질서 있는 내면의 삶을 사는 것이 가능한가? 어떤 순간에도 흔들리지 않는 내면의 고요를, 환상적인 이상 세계가 아니라 집과 직장의 일상 속에서 만들어 낼 수 있는가?

이 물음을 매우 주의 깊게 다뤄야 한다. 의식에 갈등에 닿지 않은 곳은 단 한 점도 없기 때문이다. 가장 가까운 사람과의 관계이든, 이웃과의 관계이든, 사회와의 관계이든 이 갈등은 존재한다. 갈등이란 모순, 분열의 상태, 분리, 이원성이다. 우리 자신과 사회와의 관계를 들여다보면 존재의 모든 층위에서 갈등이 있다. 크거나 작거나, 피상적이거나 파괴적인 갈등이.

인간은 갈등을 일상의 당연한 일부로 받아들여 왔다. 경쟁, 질투, 탐욕, 공격성을 삶의 자연스러운 방식으로 수용해 왔기 때문이다. 그런 삶의 방식을 받아들일 때 우리는 있는 그대로의 사회 구조를 받아들이며 체면의 틀 안에서 산다. 그리고 그것이 우리 대부분이 빠져 있는 것이다. 대부분의 사람이 두려울 만큼 체면을 지키고 싶어 하기 때문이다. 자신의 정신과 마음, 생각하는 방식, 느끼는 방식, 행동하는 방식을 들여다보면 사회의 틀에 순응하는 한 삶은 전쟁터일 수밖에 없다는 것을 알게 된다. 만약 순응하지 않는다면, 그리고 진정으로 종교적인 사람은 그런 사회를 받아들일 수 없다, 그때 우리는 사회의 심리적 구조로부터 완전히 자유로울 것이다.

우리 대부분은 사회가 만들어 낸 것들로 가득 차 있다. 사회가 우리 안에 심어 놓은 것, 그리고 우리 스스로 키워 온 것은 탐욕, 시기, 분노, 증오, 질투, 불안이다. 그리고 이 모든 것으로 우리는 넘쳐 난다. 세계 전역의 종교들이 가난을 설교해 왔다. 수도사는 법의를 입고, 이름을 바꾸고, 머리를 밀고, 방에 들어가 청빈과 순결을 서약한다. 동양에서는 허리띠 하나와 법의 한 벌과 하루 한 끼로 산다. 그리고 우리 모두는 그런 가난을 존경한다. 그러나 가난의 옷을 걸친 그 사람들은 내면으로는, 심리적으로는 여전히 사회의 것들로 가득 차 있다. 여전히 지위와 명성을 찾기 때문이다. 이 교단 저 교단, 이 종교 저 종교에 속하며 여전히 문화와 전통의 분열 속에서 산다. 그것은 가난이 아니다. 진정한 가난이란 사회로부터 완전히 자유로운 것이다. 옷이 몇 벌 더 있을 수 있고 끼니가 몇 번 더 있을 수 있다. 그게 무슨 상관인가? 그러나 불행히도 대부분의 사람들에게는 과시의 충동이 있다.

정신이 사회로부터 자유로울 때 가난은 경이롭게 아름다운 것이 된다. 내면적으로 가난해져야 한다. 그때 찾는 것도, 요구도, 욕망도 아무것도 없다. 오직 이 내면의 가난만이 갈등이 전혀 없는 삶의 진리를 볼 수 있다. 그런 삶은 어떤 교회에서도, 어떤 사원에서도 발견될 수 없는 축복이다.

그렇다면 사회의 심리적 구조로부터, 즉 갈등의 본질로부터 어떻게 자유로워질 수 있는가? 갈등의 특정 가지를 다듬고 잘라 내는 것은 어렵지 않다. 그러나 우리가 스스로에게 묻고 있는 것은 완전한 내면의, 따라서 외면의 고요 속에서 사는 것이 가능한가이다. 이것이 무기력하거나 정체한다는 뜻이 아니다. 오히려 그 반대로 역동적이고 활력 넘치며 에너지로 충만하게 될 것이다.

어떤 문제든 이해하고 그것으로부터 자유로워지기 위해서는 대단히 열정적이고 지속적인 에너지가 필요하다. 신체적이고 지적인 에너지뿐만 아니라 어떤 동기에도, 어떤 심리적 자극이나 약물에도 의존하지 않는 에너지가. 어떤 자극에든 의존한다면 바로 그 자극이 정신을 둔하고 무감각하게 만든다. 약물을 복용해서 일시적으로 사물을 매우 명료하게 볼 수는 있다. 그러나 이전 상태로 되돌아가며 그 약물에 점점 더 의존하게 된다. 교회이든, 술이든, 약물이든, 어떤 글이나 말이든 모든 자극은 필연적으로 의존을 가져온다. 그리고 그 의존이 스스로 명료하게 보는 것을 방해하고 활력 있는 에너지를 갖는 것을 방해한다.

불행히도 우리 모두는 심리적으로 무언가에 의존한다. 왜 의존하는가? 우리는 이 여행을 함께 하고 있다. 내가 의존의 원인을 말해 주기를 기다리는 것이 아니다. 함께 탐구한다면 둘 다 발견할 것이고 그 발견은 자신의 것이 될 것이며 자신의 것이기에 활력을 줄 것이다.

나는 스스로 무언가에 의존한다는 것을 발견한다. 예를 들어 나를 자극할 청중이 그것이다. 나는 그 청중으로부터, 많은 사람들에게 이야기하는 것으로부터 일종의 에너지를 얻는다. 반대할수록 더 많은 활력을 준다. 동의하면 얕고 공허해진다. 그리하여 나에게 청중이 필요하다는 것을 발견한다. 그런데 왜인가? 왜 의존하는가? 내 안이 얕기 때문이다. 내 안에 언제나 풍요롭고 살아 있는 원천이 없기 때문이다. 그래서 의존한다. 원인을 발견했다.

그러나 원인을 발견한다고 해서 의존으로부터 자유로워지는가? 원인의 발견은 단지 지적인 것이므로 분명히 정신을 의존으로부터 자유롭게 하지 못한다. 정신을 의존으로부터 자유롭게 하는 것은 자극과 의존의 전체 구조와 본성을, 그리고 그 의존이 어떻게 정신을 어리석고 둔하게 만드는지를 있는 그대로 보는 것이다. 그 전체를 보는 것만이 정신을 자유롭게 한다.

그러므로 '전체를 본다'는 것이 무엇인지 탐구해야 한다. 특정한 관점에서, 혹은 내가 쌓아 온 경험에서, 혹은 내가 수집해 온 지식, 나의 배경, '나'에서 삶을 바라보는 한 전체를 볼 수 없다. 생각이 탐구하는 것은 무엇이든 필연적으로 단편적이므로 생각이 간섭하지 않을 때에만 무언가의 전체를 볼 수 있다.

그때 나는 의존의 사실을 본다. 실제로 있는 것을 본다. 좋아하거나 싫어함 없이 본다. 그 의존을 없애거나 원인으로부터 자유로워지기를 원하지 않는다. 그냥 관찰한다. 그리고 이런 관찰이 있을 때 조각이 아니라 전체 그림을 본다. 정신이 전체 그림을 볼 때 자유가 있다. 나는 조각남이 있을 때 에너지의 낭비가 있다는 것을 발견했다. 에너지 낭비의 바로 그 원천을 발견한 것이다.

모방하거나 권위를 따르거나 사제나 의식이나 교의나 어떤 이념에 의존할 때 에너지를 낭비하지 않는다고 생각할 수 있다. 그러나 이념을 따르고 수용하는 것은, 그것이 좋든 나쁘든, 거룩하든 세속적이든, 단편적인 활동이며 갈등의 원인이다. '있어야 하는 것'과 '있는 것' 사이에 분열이 있는 한 갈등은 필연적으로 생겨날 것이다. 그리고 어떤 갈등이든 에너지의 낭비다.

만약 '어떻게 갈등으로부터 자유로워질 수 있는가?'라는 물음을 스스로에게 던진다면 또 다른 문제를 만들어 내는 것이며 갈등을 더 키우는 것이다. 반면 그것을 단순한 사실로 본다면, 눈앞의 구체적인 것을 직접 보듯이, 갈등이 전혀 없는 삶의 진리를 깊이 이해하게 될 것이다.

다른 방식으로 말해 보자. 우리는 언제나 '있는 것'을 '있어야 하는 것'과 비교한다. '있어야 하는 것'은 우리가 되어야 한다고 생각하는 모습을 미래에 덧씌운 것이다. 모순은 비교가 있을 때 존재한다. 누군가와의 비교뿐만 아니라 어제의 자기 자신과의 비교에서도. 그래서 있었던 것과 지금 있는 것 사이에 갈등이 생긴다. 비교가 전혀 없을 때에만 지금 있는 것과 함께 살 수 있다. 그때 자기 안에 있는 것에, 그것이 절망이든 추함이든 두려움이든 고독이든 온 주의를 기울일 수 있으며 그것과 완전히 함께 산다. 그때 모순이 없고 따라서 갈등이 없다.

그러나 우리는 언제나 자기 자신을 비교한다. 더 부유한 자, 더 총명한 자, 더 지적인 자, 더 다정한 자, 더 유명한 자와. '더'가 우리 삶에서 엄청나게 중요한 역할을 한다. 무언가나 누군가에 견주어 언제나 자기 자신을 재는 이것이 갈등의 근본 원인 중 하나다.

그런데 왜 비교하는가? 왜 자기 자신을 타인과 비교하는가? 이 비교는 어릴 때부터 가르쳐졌다. 모든 학교에서 갑은 을과 비교되며 갑은 을처럼 되기 위해 스스로를 파괴한다. 전혀 비교하지 않을 때, 이상도 반대도 이원성도 없을 때, 더 이상 지금과 다르게 되려고 싸우지 않을 때 정신에 무슨 일이 일어나는가? 정신은 반대를 만들어 내는 것을 그치고 높은 지성과 민감함을 갖게 되며 거대한 열정을 가질 수 있게 된다. 노력은 열정을 소진시키기 때문이다. 열정은 살아 있는 에너지다. 열정 없이는 아무것도 할 수 없다.

자기 자신을 타인과 비교하지 않는다면 지금 있는 그대로일 것이다. 비교를 통해 성장하고 더 지성적이고 더 아름다워지기를 바란다. 그러나 실제로 그렇게 되는가? 사실은 지금 있는 그대로인 것이다. 비교함으로써 그 사실을 조각내며 그것이 에너지의 낭비다. 어떤 비교도 없이 지금 있는 것을 보는 것은 바라볼 대단한 에너지를 준다. 비교 없이 자기 자신을 바라볼 수 있을 때 비교를 넘어선 것이다. 이것이 정신이 만족으로 정체한다는 뜻은 아니다. 그리하여 우리는 삶의 전체를 이해하는 데 그토록 필요한 에너지를 정신이 어떻게 낭비하는지를 본다.

나는 누구와 갈등 중인지 알고 싶지 않다. 주변적인 갈등을 알고 싶지 않다. 내가 알고 싶은 것은 왜 갈등이 있어야 하는가이다. 그 물음을 스스로에게 던질 때 주변적 갈등과 그 해결책과는 무관한 근본적 쟁점을 본다. 나는 그 핵심에 관여하며 본다. 욕망의 바로 그 본성이 제대로 이해되지 않으면 필연적으로 갈등으로 이어진다는 것을.

욕망은 언제나 모순 속에 있다. 나는 서로 모순되는 것들을 욕망한다. 그것은 욕망을 없애거나 억압하거나 통제해야 한다는 뜻이 아니다. 단지 욕망 자체가 모순적이라는 것을 본다. 욕망의 대상이 아니라 욕망의 본성 자체가 모순적이다. 갈등을 이해하기 전에 욕망의 본성을 이해해야 한다. 우리 안에는 모순의 상태가 있으며 그 모순의 상태는 욕망에 의해 만들어진다. 욕망이란 앞서 다뤘듯이 쾌락의 추구이자 고통의 회피다.

그리하여 욕망을 모든 모순의 뿌리로 본다. 무언가를 원하면서 동시에 원하지 않는 것, 이중적 활동이다. 즐거운 것을 할 때는 어떤 노력도 수반되지 않는다. 그렇지 않은가? 그러나 쾌락은 고통을 가져오고 고통을 피하려는 싸움이 있으며 이것이 다시 에너지의 낭비다. 왜 이 이원성이 있는가? 물론 자연에는 이원성이 있다. 남자와 여자, 빛과 그림자, 밤과 낮. 그러나 내면적으로, 심리적으로 왜 이원성이 있는가? 나와 함께 생각해 보라. 내가 말해 주기를 기다리지 말라. 알아내기 위해 자신의 정신을 사용해야 한다. 나의 말은 단지 자기 자신을 관찰하는 거울일 뿐이다. 왜 이 심리적 이원성이 있는가? '있는 것'을 언제나 '있어야 하는 것'과 비교하도록 길러졌기 때문인가? 옳은 것과 그른 것, 좋은 것과 나쁜 것으로 조건화되어 왔다. 폭력의 반대, 시기의 반대에 대해 생각하는 것이 그것들을 없애는 데 도움이 된다고 믿어 왔기 때문인가? 있는 것을 없애기 위한 지렛대로 반대를 사용하는가? 아니면 그것은 실제로부터의 도피인가? 어떻게 다뤄야 할지 모르는 현실을 회피하는 수단으로 반대를 사용하는가? 아니면 현재에 대처하기 위해 이상을 가져야 한다고 수천 년의 가르침을 통해 들어 왔기 때문인가? 이상이 있으면 '있는 것'을 없애는 데 도움이 된다고 생각한다. 그러나 결코 그렇지 않다. 평생 비폭력을 설교할 수 있다. 그러나 그 내내 폭력의 씨앗을 뿌리고 있다.

어떻게 살아야 하는가에 대한 개념을 가지고 있으면서 실제로는 언제나 전혀 다르게 행동한다. 그러므로 원칙, 신앙, 이상은 필연적으로 위선과 부정직한 삶으로 이어진다는 것을 본다. '있는 것'의 반대를 만들어 내는 것이 이상이며 따라서 '있는 것'과 함께 있는 법을 안다면 반대는 필요하지 않다.

다른 누군가처럼, 혹은 어떤 이상처럼 되려는 것이 모순과 혼란과 갈등의 주요 원인 중 하나다. 혼란스러운 정신은 어떤 수준에서든 무엇을 하는 혼란스러운 채로 남는다. 혼란에서 태어난 행동은 더 많은 혼란으로 이어진다. 나는 이것을 매우 명료하게 본다. 즉각적인 신체적 위험을 보듯이 명료하게. 그러면 무엇이 일어나는가? 혼란의 관점에서 더 이상 행동하지 않게 된다. 따라서 행동하지 않음이 완전한 행동이다.

8

완전한 자유, 완전한 고독

완전한 자유,
완전한 고독

자유 – 반란 – 고독 – 순수함 – 있는 그대로의 자기 자신과 함께 살기

억압의 어떤 고뇌도, 틀에 순응하는 잔혹한 규율도 진리에 이르게 한 적이 없다. 진리에 이르기 위해서는 정신이 완전히 자유로워야 하며 왜곡의 흔적 하나도 없어야 한다.

그러나 먼저 우리가 진정으로 자유롭기를 원하는지 스스로에게 물어보자. 자유에 대해 이야기할 때 완전한 자유를 말하는 것인가, 아니면 단지 불편하거나 불쾌한 무언가로부터의 자유를 말하는 것인가? 우리는 고통스럽고 추한 기억과 불행한 경험으로부터는 자유롭고 싶지만 쾌락적이고 만족스러운 관념과 관계는 간직하고 싶어 한다. 그러나 하나를 다른 것 없이 간직하는 것은 불가능하다. 이미 보았듯이 쾌락은 고통과 분리될 수 없기 때문이다.

그러므로 완전히 자유롭기를 원하는지 여부를 결정하는 것은 우리 각자에게 달려 있다. 원한다고 말한다면 자유의 본성과 구조를 이해해야 한다.

무언가로부터 자유로울 때, 고통으로부터, 어떤 불안으로부터 자유로울 때, 그것이 진정한 자유인가? 아니면 자유는 그 자체로 전혀 다른 무언가인가? 예를 들어 질투로부터 자유로울 수 있다. 그러나 그 자유는 반동(反動, 이전 것에 대한 반작용)이 아닌가. 따라서 전혀 자유가 아닌 것이 아닌가? 어떤 교의(敎義, 종교적 가르침)를 분석하거나 내쳐 버림으로써 그 교의로부터 쉽게 자유로워질 수 있다. 그러나 그 자유의 동기 안에는 이미 반동이 있다. 그 교의가 더 이상 유행하지 않거나 편리하지 않기 때문일 수 있다. 혹은 민족주의가 더 이상 자신에게 경제적으로 이득이 되지 않는다고 느껴 민족주의로부터 자유로워질 수 있다. 쉽게 치워 버릴 수 있다. 혹은 자유를 약속한 어떤 영적, 정치적 지도자에 대해 반발할 수 있다. 그러나 그런 논리적 결론이 자유와 무슨 관계가 있는가?

무언가로부터 자유롭다고 말한다면 그것은 반동이며 또 다른 반동이 되어 또 다른 순응, 또 다른 형태의 지배를 가져올 것이다. 이런 식으로 반동의 연쇄를 가질 수 있으며 각 반동을 자유로 받아들인다. 그러나 그것은 자유가 아니다. 정신이 매달리는 수정된 과거의 연속에 불과하다.

오늘날의 젊은이들은, 모든 시대의 젊은이들이 그러하듯, 사회에 반란을 일으키고 있으며 그것 자체는 좋은 일이다. 그러나 반란은 자유가 아니다. 반란은 반동이며 반동은 그 자체의 틀을 세운다. 그 틀에 사로잡힌다. 새로운 것이라고 생각하지만 그렇지 않다. 다른 틀 속의 낡은 것일 뿐이다. 어떤 사회적, 정치적 반란도 결국 좋은 옛 부르주아 정신으로 되돌아갈 것이다.

자유는 보고 행동할 때에만 온다. 반란을 통해서는 결코 오지 않는다. 보는 것이 곧 행동이며 그 행동은 위험을 볼 때처럼 즉각적이다. 그때 머릿속 계산도, 토론도, 망설임도 없다. 위험 자체가 행동을 불러오며 따라서 보는 것이 곧 행동이고 자유로움이다.

자유는 정신의 상태다. 무언가로부터의 자유가 아니라 자유의 감각 그 자체. 모든 것을 의심하고 물음을 던질 자유이며 그래서 너무나 강렬하고 활력 넘쳐서 모든 형태의 의존, 예속, 순응, 수용을 자연스럽게 내던지는 것이다. 그러한 자유는 완전히 홀로인 것을 의미한다. 그러나 환경과 자신의 성향에 그토록 의존적인 문화 속에서 자란 정신이, 지도자도 전통도 권위도 없는, 완전한 고독인 그 자유를 발견할 수 있는가?

이 고독은 어떤 자극에도, 어떤 지식에도 기대지 않으며 어떤 경험이나 결론의 결과도 아닌 내면의 정신 상태다. 우리 대부분은 내면적으로 결코 홀로가 아니다. 고립, 즉 스스로를 차단하는 것과 홀로임, 고독 사이에는 차이가 있다. 고립이 무엇인지 우리 모두 안다. 결코 상처받지 않고 결코 취약하지 않기 위해 자기 주위에 벽을 쌓는 것, 혹은 또 다른 형태의 고뇌인 초연함을 기르는 것,

혹은 이념의 상아탑 속에서 사는 것. 홀로임은 전혀 다른 것이다.

우리는 결코 홀로가 아니다. 모든 기억, 모든 조건화, 어제의 모든 중얼거림으로 가득하기 때문이다. 정신은 쌓아 온 모든 것들에서 결코 맑지 않다. 홀로이기 위해서는 과거에 대해 죽어야 한다. 온전히 홀로일 때, 어떤 가족에도, 어떤 국가에도, 어떤 문화에도, 어떤 대륙에도 속하지 않을 때, 이방인이라는 감각이 있다. 이런 방식으로 완전히 홀로인 사람은 순수하다. 그리고 슬픔으로부터 정신을 자유롭게 하는 것은 이 순수함이다.

우리는 수많은 사람들이 말한 것의 짐과 모든 불행의 기억을 지니고 다닌다. 그 모든 것을 온전히 내려놓는 것이 홀로인 것이다. 홀로인 정신은 순수할 뿐만 아니라 젊다. 나이에서가 아니라 어떤 나이에서든 젊고 순수하고 살아 있다. 그리고 오직 그러한 정신만이 진리인 것을, 말로 측량할 수 없는 것을 볼 수 있다.

이 고독 속에서 비로소 알기 시작한다. 생각하는 대로의 자기, 있어야 한다고 생각하는 자기, 과거의 자기가 아니라 지금 있는 그대로의 자기 자신과 함께 살아야 한다는 것을. 어떤 전율도, 어떤 거짓 겸손도, 어떤 두려움도, 어떤 정당화나 비난도 없이 자기 자신을 바라볼 수 있는지 보라. 그저 실제 있는 그대로의 자기 자신과 함께 살라.

무언가와 진정으로 함께 살 때에만 그것을 이해하기 시작한다.

그러나 그것에 익숙해지는 순간, 자신의 불안이나 시기나 무엇이든, 더 이상 그것과 함께 살고 있지 않다. 강가에 살면 며칠 후에 더 이상 물소리를 듣지 못한다. 방에 매일 보는 그림은 일주일 후면 눈에 들어오지 않는다. 산도, 나무도, 가족도, 배우자도 마찬가지다. 그러나 질투, 시기, 불안 같은 것과 함께 살기 위해서는 결코 그것에 익숙해져서는 안 되고 수용해서도 안 된다. 새로 심은 나무를 돌보듯 그것을 돌보아야 한다. 햇볕으로부터, 폭풍으로부터 지켜 주어야 한다. 비난하거나 정당화하지 않고 그것을 돌보아야 한다. 그러면 그것을 사랑하기 시작한다. 돌볼 때 사랑이 생기는 것이다. 그것을 좋아한다는 뜻이 아니다. 그것을 있는 그대로 관찰하는 것을 소중히 여기는 것이다.

그렇다면 실제 있는 것과 함께 살 수 있는가? 자기 자신이 둔하고, 시기심 많고, 두려움에 차 있으며, 대단한 애정이 있다고 믿지만 실제로는 없고, 쉽게 상처받고, 쉽게 아첨에 넘어가며, 쉽게 지루해한다는 것을 알면서, 그 모든 것과 함께 수용하지도 부정하지도 않으면서, 그저 관찰하면서, 음울해지거나 우울해지거나 의기양양해지지 않으면서 살 수 있는가?

이제 스스로에게 더 나아간 물음을 던지자. 이 자유, 이 고독, 스스로인 바의 전체 구조와 접촉하게 되는 이것은 시간을 통해 이르게 되는 것인가? 즉 자유는 점진적으로 성취되는 것인가? 분명히 아니다. 시간을 도입하는 즉시 자기 자신을 점점 더 옭아매기 때문이다. 점진적으로 자유로워질 수는 없다. 시간의 문제가 아니다.

다음 물음은 그 자유를 의식할 수 있는가이다. 나는 자유롭다고 말한다면 자유롭지 않다. 나는 행복하다고 말하는 사람과 같다. 나는 행복하다고 말하는 순간 이미 지나가 버린 무언가의 기억 속에서 살고 있다. 자유는 오직 자연스럽게 올 수 있으며 바라거나 원하거나 갈망함으로써 오지 않는다. 자유가 어떤 것이라는 이미지를 만들어 낸다고 해서 발견하지도 못할 것이다. 자유에 이르기 위해 정신은 삶을, 광대한 움직임인 삶을 시간의 속박 없이 바라보는 것을 배워야 한다. 자유는 우리가 보통 알고 있는 의식의 경계 너머에 있기 때문이다.

9

시
간
이

슬
픔
이
다

시간이 슬픔이다

9장

시간 – 슬픔 – 죽음

이런 이야기가 있다. 위대한 제자가 신을 찾아가 진리를 가르쳐 달라고 한다. 이 딱한 신이 말한다. "벗이여, 너무 더운 날이니 물 한 잔만 가져다주게." 제자는 밖으로 나가 처음 만난 집의 문을 두드리고 아름다운 젊은 여인이 문을 연다. 제자는 그녀와 사랑에 빠지고 결혼하여 아이를 여럿 낳는다. 그러다 어느 날 비가 내리기 시작하고 계속 내리고 내리고 내린다. 급류가 불어나고 거리가 물에 잠기고 집들이 쓸려 간다. 제자는 아내를 붙잡고 아이들을 어깨에 지고 쓸려가면서 외친다. "주여, 제발 저를 살려 주소서." 그러자 주가 말한다. "내가 부탁한 물은 어디 있느냐?"

꽤 좋은 이야기다. 제자는 지금 이 순간의 과제를 두고 삶 전체를 미래 쪽으로 쌓아 올렸다. 우리 대부분이 그렇게 시간의 관점에서 생각하기 때문이다. 인간은 시간에 기대어 산다. 미래를 만들어내는 것이 인간이 가장 즐겨온 도피의 놀이였다.

우리는 자기 안의 변화가 시간을 통해 올 수 있다고, 자기 안의 질서가 조금씩 나날이 쌓여 이뤄질 수 있다고 생각한다. 그러나 우리는 자기 안의 변화가 시간을 통해 오리라고, 자기 안의 질서가 조금씩 나날이 쌓여 이뤄지리라고 생각한다. 그러나 시간은 질서도 평화도 가져오지 않는다. 점진적으로 생각하기를 멈춰야 한다는 말이다. 평화로울 내일은 없다. 질서는 지금 이 순간에 있어야 한다.

진정한 위험이 있을 때 시간은 사라지지 않는가? 즉각적인 행동이 있다. 그러나 우리는 많은 문제의 위험을 보지 못하며 따라서 그것들을 극복하는 수단으로 시간을 발명한다. 시간은 기만자다. 자기 안의 변화를 가져오는 데 아무런 도움도 주지 않기 때문이다. 시간은 움직임이며 인간은 그것을 과거, 현재, 미래로 나눴다. 그리고 나누는 한 언제나 갈등 속에 있을 것이다. 배움은 시간의 문제인가? 이 수천 년이 지나도록 우리는 증오하고 서로 죽이는 것보다 더 나은 삶의 방식이 있다는 것을 배우지 못했다. 이 삶을 이토록 괴물 같고 무의미하게 만드는 것들을 해결하려 한다면 시간의 문제는 반드시 이해해야 할 것이다.

이해해야 할 첫 번째는 앞서 다뤘던 정신의 신선함과 순수함으로만 시간을 바라볼 수 있다는 것이다. 우리는 수많은 문제로 혼란스러워하며 그 혼란 속에서 길을 잃었다. 숲에서 길을 잃으면 처음으로 무엇을 하는가? 멈추지 않는가? 멈춰서 주위를 둘러본다. 그러나 삶에서 혼란스럽고 길을 잃을수록 더 많이 돌아다니며 찾고 묻고 요구하고 구걸한다. 그러므로 먼저, 감히 제안한다면, 내면적으로 완전히 멈추라. 내면적으로 심리적으로 멈출 때 정신은 매우 평화롭고 매우 명료해진다. 그때 시간의 물음을 진정으로 바라볼 수 있다.

문제는 시간 속에서만 존재한다. 어떤 쟁점을 불완전하게 만날 때다. 그 불완전한 만남이 문제를 만들어 낸다. 도전을 부분적으로 조각조각 만나거나 도망치려 할 때, 온전한 주의 없이 만날 때 문제가 생긴다. 그리고 그 문제는 불완전한 주의를 계속 기울이는 한, 언젠가 해결하리라고 희망하는 한 계속된다.

시간이 무엇인지 아는가? 시계에 의한 것이 아니라 달력의 시간이 아니라 심리적 시간 말이다. 그것은 관념과 행동 사이의 간격이다. 관념은 분명히 자기 보호를 위한 것이다. 안전하다는 느낌이다. 행동은 언제나 즉각적이다. 과거에도 미래에도 속하지 않는다. 행동함은 언제나 지금 이 순간에 있어야 하지만 행동은 너무 위험하고 너무 불확실하기에 어느 정도 안전을 줄 것이라 기대하는 관념에 따르게 된다.

자기 안에서 이것을 보라. 옳고 그름에 대한 관념, 혹은 자기 자신과 사회에 대한 이념적 개념을 가지고 있으며 그 관념에 따라 행동할 것이다. 행동은 그 관념에 순응하고 관념에 가까워지려 한다. 그러므로 언제나 갈등이 있다. 관념이 있고 간격이 있고 행동이 있다. 그 간격에 시간의 전체 영역이 있다. 그 간격은 본질적으로 생각이다. 내일 행복하리라고 생각할 때 시간 속에서 특정 결과를 성취하는 자기 자신의 이미지를 갖는다. 관찰을 통해, 욕망을 통해, 그리고 그 욕망의 연속을 통해 생각이 말한다. '내일 나는 행복할 것이다. 내일 나는 성공할 것이다. 내일 세계는 아름다운 곳이 될 것이다.' 그리하여 생각이 시간인 그 간격을 만들어 낸다.

이제 우리가 묻고 있는 것은 시간을 멈출 수 있는가이다. 생각할 내일이 없도록 완전히 살 수 있는가? 시간은 슬픔이기 때문이다. 어제, 혹은 수천 일 전, 사랑했거나 떠나간 동반자가 있었고 그 기억이 남아 있으며 그 쾌락과 고통에 대해 생각하고 있다. 뒤를 돌아보며 바라고 희망하며 후회한다. 그리하여 생각이 반복하여 되새기며 우리가 슬픔이라고 부르는 것을 낳고 시간에 연속성을 부여한다.

생각에 의해 길러진 이 시간의 간격이 있는 한 슬픔이 있어야 하고 두려움의 연속이 있어야 한다. 그러므로 스스로에게 묻는다. 이 간격이 끝날 수 있는가? '끝날 것인가?'라고 말한다면 이미 관념이며 성취하고 싶은 무언가이며 따라서 간격을 갖고 다시 사로잡힌 것이다.

이제 대부분의 사람에게 거대한 문제인 죽음의 물음을 살펴보

자. 죽음은 안다. 매일 곁을 걷고 있다. 전혀 문제로 만들지 않도록 그토록 완전하게 죽음을 만나는 것이 가능한가? 그렇게 만나기 위해서는 죽음에 대한 모든 신앙, 모든 희망, 모든 두려움이 끝나야 한다. 그렇지 않으면 이 비범한 것을 결론으로, 이미지로, 미리 만들어 둔 불안으로 만나는 것이며 따라서 시간으로 만나는 것이다.

시간은 관찰자와 관찰되는 것 사이의 간격이다. 즉 관찰자는 죽음이라 불리는 이것을 만나기를 두려워한다. 그것이 무엇을 의미하는지 모른다. 그것에 대해 온갖 희망과 이론을 가지고 있다. 윤회나 부활을 믿거나 영혼이라 불리는, 아트만(Atman, 힌두 철학에서 개인의 영원한 자아)이라 불리는 시간을 초월한 영적 실체를 믿으며 다양한 이름으로 부른다. 그런데 그런 영혼이 있는지 여부를 스스로 알아낸 적이 있는가? 아니면 전해 내려온 관념인가? 생각을 넘어서는 영속적이고 지속적인 무언가가 있는가? 생각이 그것에 대해 생각할 수 있다면 그것은 생각의 영역 안에 있는 것이며 따라서 영속적일 수 없다. 생각의 영역 안에 영속적인 것은 아무것도 없기 때문이다. 아무것도 영속적이지 않다는 것을 발견하는 것은 대단히 중요하다. 오직 그때에만 정신이 자유로우며 그때 바라볼 수 있고 그 안에 위대한 기쁨이 있다.

미지의 것을 두려워할 수 없다. 미지의 것이 무엇인지 모르기에 두려워할 것이 없기 때문이다. 죽음은 하나의 말이며 두려움을 만들어 내는 것은 그 말, 그 이미지다. 그러면 죽음의 이미지 없이 죽음을 바라볼 수 있는가? 생각이 만들어 내는 이미지가 있는 한 생각은 언제나 두려움을 만들어 낼 수밖에 없다. 그때 죽음의 두려움을 합리화하고 피할 수 없는 것에 대한 저항을 쌓거나 죽음의 두려움으로부터 자신을 보호하기 위해 무수한 신앙을 만들어 낸다. 그래서 두려워하는 것 사이에 틈이 생긴다. 이 시간과 공간의 간격에 갈등, 두려움, 불안, 자기 연민이 있어야 한다. 죽음의 두려움을 낳는 생각이 말한다. '미루자, 피하자, 가능한 한 멀리 떨어뜨려 놓자, 생각하지 말자.' 그러나 이미 생각하고 있다. '생각하지 않겠다'고 말하는 순간 이미 어떻게 피할지를 생각한 것이다. 죽음을 미루어 왔기 때문에 죽음을 두려워한다.

우리는 삶과 죽음을 분리했으며 삶과 죽음 사이의 간격이 두려움이다. 그 간격, 그 시간은 두려움에 의해 만들어진다. 삶이란 우리의 일상적 고통이며 일상적 모욕이며 슬픔과 혼란이며 가끔 황홀한 바다 위로 창문이 열리는 것이다. 그것이 우리가 삶이라 부르는 것이며 이 비참을 끝내는 것인 죽음을 두려워한다. 우리는 미지에 직면하기보다 알려진 것에 매달리려 한다. 알려진 것이란 우리의 집, 가구, 가족, 성격, 직업, 지식, 명성, 고독, 신들, 자신의 제한되고 쓰디쓴 존재의 틀 안에서 끊임없이 맴도는 그 작은 것이다.

우리는 삶은 항상 현재에 있고 죽음은 먼 훗날 우리를 기다리는 것이라고 생각한다. 그러나 이 일상의 전투가 과연 삶인지를 물어본 적이 없다. 윤회의 진리를, 영혼의 생존 증거를 알고 싶어 하며 영매의 주장과 심령 연구의 결론에 귀를 기울인다. 그러나 어떻게 살 것인지를, 환희로, 경이로, 매일 아름다움으로 살 것인지를 결코 묻지 않는다. 삶을 모든 고통과 절망과 함께 있는 그대로 받아들이고 그것에 익숙해졌으며 죽음을 조심스럽게 피해야 할 것으로 여긴다. 그러나 사는 법을 알 때 죽음은 삶과 놀라울 만큼 닮았다. 죽지 않고는 살 수 없다. 매 순간 심리적으로 죽지 않으면 살 수 없다. 이것은 지적 역설이 아니다. 완전하게, 온전하게, 마치 새로운 경이인 것처럼 매일을 살기 위해서는 어제의 모든 것에 대해 죽어야 한다. 그렇지 않으면 기계적으로 살게 된다. 그리고 기계적인 정신은 사랑이 무엇인지, 자유가 무엇인지를 결코 알 수 없다.

우리 대부분이 죽음을 두려워하는 것은 사는 것이 무엇을 의미하는지 모르기 때문이다. 사는 법을 모르며 따라서 죽는 법도 모른다. 삶을 두려워하는 한 죽음을 두려워할 것이다. 삶을 두려워하지 않는 사람은 아무것도 확실하지 않은 것을 두려워하지 않는다. 내면적으로, 심리적으로 안전이 없다는 것을 이해하기 때문이다. 안전이 없을 때 끝없는 움직임이 있으며 그때 삶과 죽음은 같다. 갈등 없이, 아름다움과 사랑과 함께 사는 사람은 죽음을 두려워하지 않는다. 사랑하는 것이 곧 죽는 것이기 때문이다.

아는 모든 것에 대해, 가족, 기억, 느꼈던 모든 것을 포함하여 죽는다면 죽음은 정화이며 새로워지는 과정이다. 그때 죽음은 순수함을 가져온다. 그리고 진정으로 열정적인 것은 오직 그렇게 순수해진 자뿐이다.

죽을 때 실제로 무엇이 일어나는지를 알아내기 위해서는 죽어야 한다. 이것은 농담이 아니다. 죽어야 한다. 신체적으로가 아니라 심리적으로, 내면적으로, 간직해 온 것들에 대해, 그리고 쓴맛을 느끼게 하는 것들에 대해 죽어야 한다. 아무리 작든 크든, 어떤 쾌락에 대해, 자연스럽게, 어떤 강제나 논쟁 없이 죽어 본 적이 있다면 죽는다는 것이 무엇을 의미하는지 알게 될 것이다. 죽는 것은 일상의 갈망과 쾌락과 고통이 완전히 비워진 정신을 갖는 것이다. 죽음은 갱신이며 돌연변이며 생각이 전혀 기능하지 않는 것이다. 생각은 낡은 것이기 때문이다. 죽음이 있을 때 완전히 새로운 무언가가 있다. 아는 것으로부터의 자유가 죽음이며 그때 살아 있다.

10

사
랑
이
란

무
엇
인
가

사랑이란 무엇인가

관계에서 안전하려는 요구는 필연적으로 슬픔과 두려움을 낳는다. 이 안전의 추구가 불안을 초래한다. 어떤 관계에서든 안전을 찾은 적이 있는가? 우리 대부분은 사랑하고 사랑받는 것의 안전을 원하지만 각자가 자신의 안전, 자신의 특정한 길을 추구할 때 사랑이 있는가? 우리는 사랑받지 못한다. 사랑하는 법을 모르기 때문이다.

사랑이란 무엇인가? 이 말은 너무 짐이 많고 부패하여 쓰기가 꺼려진다. 모든 사람이 사랑에 대해 말한다. 모든 잡지와 신문과 모든 전도자가 끊임없이 사랑에 대해 말한다. 나는 나라를 사랑한다, 왕을 사랑한다, 어떤 책을 사랑한다, 저 산을 사랑한다, 쾌락을 사랑한다, 배우자를 사랑한다, 신을 사랑한다. 사랑은 관념인가? 만약 그렇다면 기르고 양육하고 간직하고 원하는 대로 비틀 수 있다. 신을 사랑한다고 말할 때 그것은 무엇을 의미하는가? 스스로 고귀하고 성스럽다고 상상하는 자기 자신의 모습을 사랑한다는 것이다. 따라서 나는 신을 사랑한다고 말하는 것은 절대적 헛소리다. 신을 숭배할 때 자기 자신을 숭배하고 있는 것이며 그것은 사랑이 아니다.

사랑이라 불리는 이 인간적인 것을 해결할 수 없기에 우리는 추상 속으로 도피한다. 사랑은 인간의 모든 어려움과 문제와 고통에 대한 궁극적 해결책일 수 있다. 그렇다면 사랑이 무엇인지를 어떻게 알아낼 것인가? 단지 정의함으로써? 교회는 한 가지 방식으로 정의했고 사회는 다른 방식으로 정의했으며 온갖 종류의 일탈과 왜곡이 있다. 누군가를 경배하는 것, 누군가와 잠자리를 같이하는 것, 감정적 교류, 동반자 의식, 이것이 우리가 사랑이라 부르는 것인가? 그것이 규범이었고 양식이었으며 그것은 너무나 개인적이고 감각적이며 제한적이 되어서 종교들은 사랑이 이보다 훨씬 더한 것이라고 선언했다. 그들이 인간적 사랑이라 부르는 것에서 쾌락, 경쟁, 질투, 소유하고, 붙잡고, 통제하고, 타인의 생각에 간섭하려는 욕망을 보며 이 모든 것의 복잡성을 알면서 다른 종류의 사랑, 신성하고 아름답고 오염되지 않고 부패하지 않은 것이 있어야 한다고 말한다.

세계 전역에서 이른바 성인들은 여자를 바라보는 것이 완전히 그릇된 것이라고 주장해 왔다. 성에 빠지면 신에게 가까이 갈 수 없다고 말하며 따라서 그것에 의해 소진되면서도 그것을 밀쳐 놓는다. 그러나 성을 부정함으로써 그들은 눈을 빼고 혀를 잘라 낸다. 대지의 전체 아름다움을 부정하기 때문이다. 그들은 마음과 정신을 굶겼으며 메마른 인간 존재다. 아름다움이 여자와 연관되기에 아름다움을 추방한 것이다.

사랑은 성스러운 것과 속된 것으로, 인간적인 것과 신성한 것으로 나뉠 수 있는가, 아니면 오직 사랑만이 있는가? 사랑은 한 사람을 위한 것이고 다수를 위한 것이 아닌가? 나는 당신을 사랑한다고 말할 때 그것이 다른 이에 대한 사랑을 배제하는가? 사랑은 개인적인가 비개인적인가? 도덕적인가 부도덕적인가? 가족적인가 비가족적인가? 인류를 사랑한다면 특정한 개인을 사랑할 수 있는가? 사랑은 감상인가? 사랑은 감정인가? 사랑은 쾌락과 욕망인가? 이 모든 물음들은 사랑에 대한 관념을, 사랑이 어떠해야 하는가에 대한 관념을, 살고 있는 문화가 만들어 온 양식이나 규범을 우리가 가지고 있다는 것을 가리키지 않는가?

그러므로 사랑이 무엇인지의 물음 속으로 들어가기 위해서는 먼저 수 세기의 부식으로부터 그것을 자유롭게 해야 하며 사랑이 어떠해야 하는가에 대한 모든 이상과 이념을 치워 놓아야 한다. 어떤 것이든 있어야 하는 것과 있는 것으로 나누는 것은 삶을 다루는 가장 기만적인 방법이다.

그렇다면 사랑이라 부르는 이 불꽃이, 다른 사람에게 어떻게 표현하는가가 아니라 그 자체로 무엇을 의미하는가를, 어떻게 알아낼 것인가? 나는 먼저 교회가, 사회가, 부모와 친구가, 모든 사람과 모든 책이 그것에 대해 말해 온 것을 거부할 것이다. 스스로 그것이 무엇인지를 알아내고 싶기 때문이다. 여기에 전 인류가 관련된 거대한 문제가 있으며 그것을 정의하는 수천 가지 방법이 있었고 나 자신은 그 순간 좋아하거나 즐기는 바에 따라 이런저런 양식에 사로잡혀 있다. 그렇다면 그것을 이해하기 위해 먼저 나 자신의 성향과 편견으로부터 자유로워져야 하지 않겠는가? 나는 혼란스럽고 자신의 욕망에 의해 찢겨져 있으므로 스스로에게 말한다. '먼저 자신의 혼란을 정리하라. 아마 사랑이 아닌 것을 통해 사랑이 무엇인지를 발견할 수 있을 것이다.'

정부는 말한다. '나라 사랑을 위해 가서 죽여라.' 그것이 사랑인가? 종교는 말한다. '신에 대한 사랑을 위해 성을 포기하라.' 그것이 사랑인가? 사랑은 욕망인가? 아니라고 말하지 말라. 우리 대부분에게 그것은 욕망이다. 감각을 통해, 성적 충족을 통해 얻어지는 쾌락과 함께하는 욕망. 나는 성을 반대하지 않는다. 다만 그 안에 무엇이 수반되는지를 보라. 성이 순간적으로 주는 것은 자기 자신을 완전히 잊는 것이다. 그다음 다시 혼란 속으로 돌아오고 그래서 걱정도 문제도 자아도 없는 그 상태를 거듭 원한다. 배우자를 사랑한다고 말한다. 그 사랑에는 성적 쾌락, 집에서 돌봐

줄 누군가가 있다는 쾌락이 수반된다. 배우자에게 의존한다. 배우자는 몸을, 감정을, 격려를, 일정한 안전감과 안녕감을 주었다. 그런데 배우자가 돌아서서 지루해하거나 다른 누군가와 떠나면 전체 감정적 균형이 파괴되며 이 동요를, 싫어하는 것을 질투라 부른다. 거기에 고통, 불안, 증오, 폭력이 있다. 그러므로 실제로 말하고 있는 것은 이것이다. '당신이 나에게 속하는 한 나는 당신을 사랑하지만 속하지 않는 순간 증오하기 시작한다. 나의 요구를 충족시켜 주는 한 사랑하지만 원하는 것을 주기를 그치는 순간 더 이상 좋아하지 않는다.' 그러므로 둘 사이에 적대가, 분리가 있으며 타인과 분리되어 있다고 느낄 때 사랑은 없다. 그러나 생각이 이 모든 모순되는 상태, 자기 안의 이 끝없는 다툼을 만들어 내는 것 없이 배우자와 함께 살 수 있다면, 아마 사랑이 무엇인지 알게 될 것이다. 그때 완전히 자유로우며 배우자도 그러하다. 반면 모든 쾌락을 배우자에게 의존한다면 배우자의 노예다. 그러므로 사랑할 때 자유가 있어야 한다. 상대로부터의 자유뿐만 아니라 자기 자신으로부터의 자유가.

타인에게 속하는 것, 심리적으로 타인에게 기대는 것, 타인에게 의존하는 것, 이 모든 것에는 언제나 불안, 두려움, 질투, 죄의식이 따른다. 두려움이 있는 한 사랑은 없다. 슬픔에 시달리는 정신은 결코 사랑이 무엇인지 알지 못할 것이다. 감상적인 것과 일시적인 감정은 사랑과 아무 관계가 없다. 그러므로 사랑은 쾌락 및 욕망과 관계된 것이 아니다.

사랑은 과거인 생각의 산물이 아니다. 생각은 사랑을 기를 수 없다. 사랑은 질투 안에 울타리 쳐져 있지 않다. 질투는 과거에 속하기 때문이다. 사랑은 언제나 능동적 현재다. '사랑할 것이다'나 '사랑했다'가 아니다. 사랑을 안다면 누구도 따르지 않을 것이다. 사랑은 복종하지 않는다. 사랑할 때 존경도 비존경도 없다.

진정으로 누군가를 사랑한다는 것이 무엇을 의미하는지 모르는가. 증오 없이, 질투 없이, 분노 없이, 상대가 무엇을 하고 생각하는지에 간섭하려 하지 않고, 비난하지 않고, 비교하지 않고 사랑한다는 것이. 그것이 무엇을 의미하는지 모르는가? 사랑이 있는 곳에 비교가 있는가? 전체 마음으로, 전체 정신으로, 전체 몸으로, 존재 전체로 누군가를 사랑할 때 비교가 있는가? 그 사랑에 온전히 자기 자신을 내려놓을 때 타자는 없다.

사랑에 책임과 의무가 있으며 그런 말들을 쓸 것인가? 의무에서 무언가를 할 때 그 안에 사랑이 있는가? 의무에는 사랑이 없다. 인간 존재가 사로잡혀 있는 의무의 구조가 인간을 파괴하고 있다. 의무이기 때문에 강제되어 무언가를 하는 한 하고 있는 것을 사랑하지 않는 것이다. 사랑이 있을 때 의무도 책임도 없다.

불행히도 대부분의 부모는 자녀에 대한 책임이 있다고 생각하며 그 책임감은 아이들에게 무엇을 해야 하고 무엇이 되어야 하는 지를 말하는 형태를 취한다. 부모는 아이들이 사회에서 안전한 지위를 갖기를 원한다. 그들이 책임이라 부르는 것은 숭배하는 체면의 일부이며 체면이 있는 곳에 진정한 질서는 없다. 아이들을 사회에 맞도록 준비시킬 때 전쟁과 갈등과 잔혹함을 영속시키고 있다. 그것을 돌봄과 사랑이라 부르는가?

진정으로 돌보는 것은 나무나 식물을 돌보듯 물을 주고 필요한 것을 살피고 최적의 토양을 찾으며 부드러움과 다정함으로 보살피는 것이다. 그러나 사회에 맞도록 아이들을 준비시킬 때 죽임당하도록 준비시키는 것이다. 아이들을 사랑한다면 전쟁은 없을 것이다.

사랑하는 사람을 잃을 때 눈물을 흘린다. 그 눈물은 자기 자신을 위한 것인가, 죽은 이를 위한 것인가? 타인을 위해 울어 본 적이 있는가? 전장에서 죽은 아들을 위해 울어 본 적이 있는가? 울었을 것이다. 그러나 그 눈물은 자기 연민에서 나온 것인가, 아니면 한 인간 존재가 죽었기 때문에 운 것인가? 자기 연민에서 운다면 눈물은 무의미하다. 자기 자신에 관심이 있는 것이기 때문이다. 많은 애정을 쏟은 사람을 빼앗겼기 때문에 운다면 그것은 진정한 애정이 아니었다. 죽은 형제를 위해 울 때 그를 위해 울라. 그가 떠났기 때문에 자기 자신을 위해 우는 것은 매우 쉽다. 겉보기에 마음이 닿아 우는 것 같지만 그를 위해 닿은 것이 아니라 자기 연민에 의해 닿은 것일 뿐이며 자기 연민은 딱딱하게, 폐쇄적으로, 둔하고 어리석게 만든다.

자기 자신을 위해 울 때 그것이 사랑인가. 외롭기 때문에, 버림받았기 때문에, 더 이상 강력하지 않기 때문에 우는 것, 자신의 처지와 환경을 불평하는 것, 언제나 눈물 속의 자기 자신. 이것을 이해한다면, 즉 나무나 기둥이나 손에 닿듯이 직접적으로 그것에 접촉한다면, 슬픔이 스스로 만들어 낸 것이며 생각에 의해 만들어진 것이며 시간의 결과물이라는 것을 보게 될 것이다. 3년 전에 형제가 있었는데 지금 죽었고 지금 나는 외롭고 아프며 위안을 기대할 사람이 없고 그것이 눈에 눈물을 가져온다.

관찰하면 이 모든 것이 자기 안에서 일어나는 것을 볼 수 있다. 분석적인 시간을 들이지 않고 한 눈에 완전히, 충분히 볼 수 있다. 한 순간에 '나'라 불리는 이 초라한 작은 것의, 나의 눈물, 나의 가족, 나의 민족, 나의 신앙, 나의 종교, 전체 구조와 본성을 그 모든 추함을 볼 수 있다. 그것은 모두 안에 있다. 머리가 아니라 마음으로 그것을 볼 때, 마음의 바로 그 밑바닥에서 볼 때, 슬픔을 끝낼 열쇠를 가진 것이다. 슬픔과 사랑은 함께 갈 수 없다. 그러나 기독교 세계에서는 고통을 이상화하고 십자가 위에 올려놓고 숭배했으며 그 특정한 하나의 문을 통해서만 고통에서 벗어날 수 있다고 암시했다. 이것이 착취적 종교 사회의 전체 구조다.

그러므로 사랑이 무엇인지 물을 때 답을 보기에 너무 두려울 수 있다. 완전한 격변을 의미할 수 있다. 가족이 해체될 수 있다. 배우자나 아이들을 사랑하지 않는다는 것을 발견할 수 있다. 사랑하는가? 세운 집을 부서뜨려야 할 수 있으며 다시는 사원에 가지 않을 수 있다.

그러나 여전히 알아내고 싶다면 보게 될 것이다. 두려움은 사랑이 아니며, 의존은 사랑이 아니며, 질투는 사랑이 아니며, 소유욕과 지배는 사랑이 아니며, 책임과 의무는 사랑이 아니며, 자기 연민은 사랑이 아니며, 사랑받지 못하는 고뇌는 사랑이 아니며, 겸손이 허영의 반대가 아니듯 사랑은 증오의 반대가 아니라는 것을. 그러므로 이 모든 것을, 강제가 아니라, 빗물이 잎사귀 위의 먼지를 자연스럽게 씻어 내리듯 비워 낼 수 있다면, 아마 인간이 언제나 굶주려 온 이 기이한 꽃에 이르게 될 것이다.

사랑이 없다면, 작은 물방울이 아니라 풍요롭게 그것으로 가득 차 있지 않다면, 세계는 재앙으로 갈 것이다. 인류의 통합이 필수적이며 사랑이 유일한 길이라는 것을 머리로는 안다. 그러나 누가 사랑하는 법을 가르칠 것인가? 어떤 권위, 어떤 방법, 어떤 체계가 사랑하는 법을 말해 줄 것인가? 누군가가 말해 주면 그것은 사랑이 아니다. '사랑을 수행하겠다. 매일 앉아 그것에 대해 생각하겠다. 친절하고 온유하게 타인에게 주의를 기울이도록 자신을 강제하겠다'고 말할 수 있는가? 사랑하도록 자기를 규율하고 사랑하려는 의지를 행사할 수 있다는 것인가? 규율과 의지로 사랑하려 할 때 사랑은 창밖으로 나간다. 어떤 방법이나 사랑의 체계를 수행함으로써 더 친절해지거나 비폭력의 상태에 이를 수는 있으나 그것은 사랑과 어떤 관계도 없다.

이 찢어진 사막의 세계에 사랑은 없다. 쾌락과 욕망이 가장 큰 역할을 하기 때문이다. 그러나 사랑 없이 일상은 의미가 없다. 그리고 아름다움이 없으면 사랑을 가질 수 없다. 아름다움은 보이는 무언가가 아니다. 아름다운 나무, 아름다운 그림, 아름다운 건물, 아름다운 여인이 아니다. 마음과 정신이 사랑이 무엇인지를 알 때에만 아름다움이 있다. 사랑과 아름다움의 감각 없이 덕은 없으며 무엇을 하든, 사회를 개선하든, 가난한 자를 먹이든, 더 많은 해악을 만들어 낼 뿐이라는 것을 매우 잘 안다. 사랑 없이는 자신의 마음과 정신에 추함과 빈곤만이 있기 때문이다. 그러나 사랑과 아름다움이 있을 때 무엇을 하든 옳으며 무엇을 하든 질서 있다. 사랑하는 법을 안다면 원하는 대로 할 수 있다. 다른 모든 문제를 해결할 것이기 때문이다.

그리하여 이 지점에 이른다. 규율도, 생각도, 강제도, 어떤 책도, 어떤 스승이나 지도자도 없이, 아름다운 석양에 이르듯이 정신이 사랑에 이를 수 있는가?

절대적으로 필요한 한 가지가 있다고 나는 생각한다. 그것은 동기 없는 열정이다. 어떤 헌신이나 집착의 결과가 아닌, 욕정이 아닌 열정이다. 열정이 무엇인지 모르는 사람은 결코 사랑을 알지 못할 것이다. 사랑은 온전한 자기 내려놓음이 있을 때에만 생겨날 수 있기 때문이다.

탐색하는 정신은 열정적 정신이 아니며 탐색하지 않고 사랑에 이르는 것이 그것을 발견하는 유일한 방법이다. 알지 못한 채, 어떤 노력이나 경험의 결과가 아니라 이르는 것이다. 그러한 사랑은 발견하게 될 것이지만 시간에 속하지 않는다. 그러한 사랑은 개인적이면서 동시에 비개인적이며 하나이면서 동시에 다수다. 향기를 가진 꽃처럼, 맡을 수도 있고 지나칠 수도 있다. 그 꽃은 모든 사람을 위한 것이며 깊이 향기를 맡고 환희로 바라보는 수고를 들이는 한 사람을 위한 것이기도 하다. 정원에서 매우 가까이 있든 매우 멀리 있든 꽃에게는 같다. 그 향기로 충만하므로 모든 이와 나누고 있기 때문이다.

사랑은 새롭고 신선하며 살아 있는 것이다. 어제도 내일도 없다. 생각의 소용돌이 너머에 있다. 사랑이 무엇인지를 아는 것은 오직 순수한 정신뿐이며 순수한 정신은 순수하지 않은 세계에서 살 수 있다. 인간이 희생을 통해, 숭배를 통해, 관계를 통해, 성을 통해, 모든 형태의 쾌락과 고통을 통해 끝없이 찾아 온 이 비범한 것을 발견하는 것은 오직 생각이 자기 자신을 이해하고 자연스럽게 끝에 이를 때에만 가능하다. 그때 사랑에는 반대가 없으며 사랑에는 갈등이 없다.

'그러한 사랑을 발견하면 배우자에게, 아이들에게, 가족에게 무슨 일이 일어나는가? 그들에게 안전이 있어야 한다'고 물을 수 있다. 그러한 물음을 던질 때 생각의 영역, 의식의 영역 밖에 나가 본 적이 없는 것이다. 한번 그 영역 밖에 나가면 그러한 물음을 결코 던지지 않을 것이다. 생각도 따라서 시간도 없는 사랑이 무엇인지를 알 것이기 때문이다. 이것을 매혹되고 황홀해져 읽을 수 있으나 실제로 생각과 시간을 넘어서는 것은, 슬픔을 넘어서는 것을 의미하는, 사랑이라 불리는 다른 차원이 있다는 것을 자각하는 것이다.

그러나 이 비범한 원천에 어떻게 이르는지 모른다면 무엇을 하는가? 무엇을 할지 모르면 아무것도 하지 않는다. 절대적으로 아무것도. 그때 내면적으로 완전히 고요하다. 그것이 무엇을 의미하는지 이해하는가? 탐색하지 않고 원하지 않고 추구하지 않는다는 것이다. 어떤 중심도 전혀 없다. 그때 사랑이 있다.

11

이
미
지 없이 바라
보
다

이미지 없이
바라보다

바라봄과 경청 – 예술 – 아름다움 – 검소 – 이미지 – 문제 – 공간

우리는 사랑의 본성을 탐구해 왔으며 훨씬 더 깊은 꿰뚫음과 더 큰 자각이 필요한 지점에 이르렀다. 우리는 대부분의 사람들에게 사랑이 위안, 안전, 지속적인 감정적 만족의 보증을 의미한다는 것을 발견했다. 그때 나 같은 누군가가 와서 '그것이 정말 사랑인가?'라고 묻고 자기 내면을 바라보라고 요청한다. 그러면 바라보지 않으려 한다. 매우 불안하기 때문이다. 차라리 영혼이나 정치적, 경제적 상황을 논하겠다. 그러나 구석에 몰려 바라보게 되면 항상 사랑이라 생각해 온 것이 전혀 사랑이 아니라는 것을 깨닫는다. 상호 만족이며 상호 착취일 뿐이다.

'사랑에는 내일도 어제도 없다' 혹은 '중심이 없을 때 사랑이 있다'고 말할 때 그것은 나에게는 실재하지만 읽는 이에게는 아니다. 인용하여 공식으로 만들 수 있으나 그것은 유효하지 않다. 스스로 보아야 한다. 그리고 그러기 위해서는 바라볼 자유가, 모든

153

비난, 모든 판단, 모든 동의나 반대로부터의 자유가 있어야 한다.

바라보는 것은 삶에서 가장 어려운 일 중 하나다. 경청하는 것도 마찬가지다. 바라봄과 경청은 같다. 걱정으로 눈이 가려져 있다면 석양의 아름다움을 볼 수 없다. 우리 대부분은 자연과의 접촉을 잃었다. 문명은 점점 더 대도시를 향하고 있으며 우리는 점점 더 도시 사람이 되어 가고 있다. 밀집된 아파트에 살면서 저녁과 아침의 하늘조차 바라볼 공간이 거의 없으며 따라서 대단히 많은 아름다움과의 접촉을 잃어 가고 있다. 우리 가운데 얼마나 적은 수가 일출이나 일몰, 달빛, 물 위의 빛의 반사를 바라보는지 알아차린 적이 있는가?

자연과의 접촉을 잃으면서 자연히 지적 역량을 발전시키는 경향이 있다. 대단히 많은 책을 읽고 박물관과 연주회에 가며 텔레비전을 보고 많은 다른 오락거리를 갖는다. 타인의 관념을 끝없이 인용하며 예술에 대해 대단히 많이 생각하고 이야기한다. 왜 예술에 그토록 의존하는가? 그것은 도피의 한 형태인가, 자극인가? 자연과 직접 접촉해 있다면, 날갯짓하는 새의 움직임을 관찰한다면, 하늘의 아름다움을 본다면, 언덕 위의 그림자나 타인의 얼굴 위의 아름다움을 바라본다면, 박물관에 가서 그림을 보고 싶겠는가? 아마 주위의 모든 것을 바라보는 법을 모르기 때문에 더 잘 보도록 자극해 줄 어떤 형태의 약물에 기대는 것이다.

매일 아침 제자들에게 이야기하던 종교적 스승에 대한 이야기가 있다. 어느 아침 단상에 올라 막 시작하려 할 때 작은 새 한 마리가 와서 창턱에 앉아 노래하기 시작했다. 온 마음을 다해 노래했다. 그러다 멈추고 날아가자 스승이 말했다. "오늘 아침의 설교는 끝났습니다."

우리의 가장 큰 어려움 중 하나는 외적인 것뿐만 아니라 내적 삶도 스스로 진정 명료하게 보는 것이라고 나는 생각한다. 나무나 꽃이나 사람을 본다고 말할 때 실제로 보고 있는가? 아니면 말이 만들어 낸 이미지만을 보고 있는가? 빛과 환희로 가득한 저녁의 나무나 구름을 바라볼 때 눈으로만이 아니라, 머리로만이 아니라, 온전하게 완전히 실제로 보고 있는가?

나무에 대해 가진 어떤 연상도, 어떤 지식도, 어떤 편견도, 어떤 판단도, 나무와 사이에 장막을 형성하는 어떤 말도 없이 나무 같은 객관적 사물을 바라보는 실험을 해 본 적이 있는가? 시도해 보고, 존재 전체로, 에너지의 총체로 나무를 관찰할 때 실제로 무엇이 일어나는지 보라. 그 강도 속에서 관찰자는 전혀 없다는 것을 발견할 것이다. 오직 주의만이 있다. 부주의가 있을 때 관찰자와 관찰되는 것이 있다. 완전한 주의로 무언가를 바라볼 때 개념, 공식, 기억을 위한 공간이 없다. 이것을 이해하는 것이 중요하다. 매우 주의 깊은 탐구가 필요한 것 속으로 들어가려 하기 때문이다.

완전한 자기 내려놓음으로 나무를, 별을, 강의 반짝이는 물을 바라보는 정신만이 아름다움이 무엇인지를 안다. 그리고 실제로 보고 있을 때 사랑의 상태에 있다. 우리는 일반적으로 비교를 통해, 혹은 인간이 조합한 것을 통해 아름다움을 안다. 이는 곧 어떤 대상에 아름다움을 귀속시킨다는 것이다. 아름다운 건물이라 여기는 것을 보고 건축에 대한 지식과 다른 건물과의 비교를 통해 그 아름다움을 평가한다. 그러나 스스로에게 묻는다. '대상 없는 아름다움이 있는가?' 검열자, 경험자, 생각하는 자인 관찰자가 있을 때 아름다움은 없다. 아름다움이 외적인 것, 관찰자가 바라보고 판단하는 것이기 때문이다. 그러나 관찰자가 없을 때, 이것은 대단한 명상과 탐구를 요구한다, 대상 없는 아름다움이 있다.

아름다움은 관찰자와 관찰되는 것이 완전히 사라지는 그 자리에 있다. 그리고 그 사라짐은 완전한 검소 속에서만 가능하다. 사제의 규칙과 복종의 검소가 아니라, 의복이나 관념이나 음식이나 행동의 검소가 아니라, 완전한 겸허인 온전히 단순함 그 자체의 검소다. 그때 성취도 없고 오를 사다리도 없다. 오직 첫 번째 걸음이 있을 뿐이며 첫 번째 걸음이 영원한 걸음이다.

혼자, 혹은 누군가와 함께 걷고 있는데 말을 멈추었다고 하자. 자연에 둘러싸여 있고 개 짖는 소리도, 지나가는 차 소리도, 새의 날갯짓 소리도 없다. 완전히 고요하며 주위의 자연도 완전히 고요하다. 관찰자와 관찰되는 것 모두의 이 고요의 상태에서, 관찰자가 보는 것을 생각으로 번역하지 않을 때, 그 고요 속에 다른 질의 아름다움이 있다. 자연도 관찰자도 없다. 완전히 온전히 홀로인 정신 상태가 있다. 고립 속에서 홀로인 것이 아니라 고요 속에서 홀로이며 그 고요가 아름다움이다.

사랑할 때 관찰자가 있는가? 사랑이 욕망이고 쾌락일 때에만 관찰자가 있다. 욕망과 쾌락이 사랑과 연관되지 않을 때 사랑은 강렬하다. 아름다움처럼 매일 온전히 새로운 것이다. 어제도 내일도 없다.

어떤 선입견도, 어떤 이미지도 없이 볼 때에만 삶의 어떤 것과든 직접 접촉할 수 있다. 우리의 모든 관계는 사실 상상적이다. 즉 생각에 의해 형성된 이미지에 기초한다. 서로에 대한 이미지를 갖고 있다면 당연히 있는 그대로의 서로를 전혀 볼 수 없다. 보는 것은 서로에 대해 형성한 이미지이며 이 이미지가 접촉하는 것을 방해하고 그래서 관계가 잘못되는 것이다.

누군가를 안다고 말할 때 어제의 그 사람을 알았다는 뜻이다. 지금 실제로는 모른다. 아는 것은 그 사람에 대한 이미지뿐이다. 그 이미지는 칭찬이나 모욕으로 말한 것에 의해, 한 것에 의해, 모든 기억에 의해 조합된다. 관계를 맺고 있으며 진정으로 교감하는 것을 방해하는 것은 이 이미지들이다.

오래 함께 살아온 두 사람은 진정한 관계를 방해하는 서로에 대한 이미지를 갖고 있다. 관계를 이해하면 협력할 수 있으나 이미지를 통해서, 상징을 통해서는 협력이 있을 수 없다. 서로 간의 참된 관계를 이해할 때에만 사랑의 가능성이 있으며 이미지를 가질 때 사랑은 거부된다. 따라서 머리로가 아니라 일상에서 실제로, 배우자, 이웃, 아이, 나라, 지도자, 신들에 대한 이미지를 어떻게 만들어 왔는지를 이해하는 것이 중요하다. 우리는 이미지밖에 가지고 있지 않다.

이 이미지들이 관찰하는 것과 사이에 공간을 만들어 내며 그 공간에 갈등이 있다. 그러므로 지금 함께 알아내려 하는 것은 우리가 만들어 내는 공간, 바깥에서뿐만 아니라 안에서 모든 관계에서 사람들을 나누는 공간으로부터 자유로워지는 것이 가능한가이다.

문제에 기울이는 바로 그 주의가 문제를 해결하는 에너지다. 온 자신을 다하여 완전한 주의를 기울일 때 관찰자는 전혀 없다. 온전한 에너지인 주의의 상태만이 있으며 그 온전한 에너지가 최고 형태의 지성이다. 당연히 그 정신 상태는 완전히 고요해야 하며 그 고요, 그 정지는 온전한 주의가 있을 때 온다. 규율된 정지가 아니다. 관찰자도 관찰되는 것도 없는 그 온전한 고요는 종교적 정신의 최고 형태다. 그러나 그 상태에서 일어나는 것은 말로 담을 수 없다. 말로 표현된 것은 사실이 아니기 때문이다. 스스로 알아내기 위해서는 그것을 직접 겪어야 한다.

모든 문제는 다른 모든 문제와 연관되어 있으므로 하나의 문제를 완전히 해결할 수 있다면 무엇이든 상관없다, 다른 모든 문제를 쉽게 만나 해결할 수 있다는 것을 보게 될 것이다. 물론 심리적 문제를 말하고 있다. 이미 문제는 시간 속에서만 존재한다는 것을, 즉 쟁점을 불완전하게 만날 때에만이라는 것을 보았다. 따라서 문제의 본성과 구조를 자각하고 완전히 보아야 할 뿐만 아니라 그것이 생겨날 때 즉각적으로 만나 해결하여 정신에 뿌리내리지 않도록 해야 한다. 문제가 한 달이든, 하루든, 몇 분이든 지속되도록 허용한다면 정신을 왜곡한다. 그러므로 어떤 왜곡도 없이 즉각적으로 문제를 만나 즉각적으로, 완전히 그것으로부터 자유로워지고 기억이, 정신 위의 흠집이 남지 않도록 하는 것이 가능한가? 이 기억들이 지니고 다니는 이미지이며 삶이라 불리는 이 비범한 것을 만나는 것은 이 이미지들이다. 그러므로 모순이, 갈등이 있다. 삶은 추상이 아니라 매우 실제적인 것이다. 이미지로 삶을 만날 때 문제가 있다.

이 공간-시간의 간격 없이, 자기 자신과 두려워하는 것 사이의 틈 없이 모든 쟁점을 만나는 것이 가능한가? 이미지의 건설자이자, 기억과 관념의 집합이자, 추상의 덩어리인 관찰자에 연속성이 없을 때에만 가능하다.

별을 바라볼 때 하늘의 별을 바라보는 자신이 있다. 하늘은 찬란한 별로 넘쳐흐르고 시원한 공기가 있으며 거기 관찰자이자, 경험자이자, 아픈 마음을 가진, 공간을 만들어 내는 중심이 있다. 자신과 별 사이의, 자신과 배우자나 친구 사이의 공간을 결코 이해하지 못할 것이다. 이미지 없이 바라본 적이 없기 때문이며 그래서 아름다움이 무엇인지, 사랑이 무엇인지 모르는 것이다. 그것에 대해 말하고 그것에 대해 쓰지만 온전한 자기 내려놓음의 드문 순간을 제외하면 결코 알지 못했다. 주위에 공간을 만들어 내는 중심이 있는 한 사랑도 아름다움도 없다. 중심도 둘레도 없을 때 사랑이 있다. 그리고 사랑할 때 아름다움이다.

맞은편의 얼굴을 바라볼 때 중심에서 바라보고 있으며 중심이 사람과 사람 사이에 공간을 만들어 낸다. 그래서 우리의 삶이 그토록 공허하고 무감각한 것이다. 사랑을 기를 수는 없으며 아름다움도 기를 수 없고 진리를 발명할 수도 없다. 그러나 자신이 무엇을 하고 있는지를 항상 자각한다면 자각을 기를 수 있다. 그 자각으로부터 쾌락과 욕망과 슬픔의 본성과 인간의 완전한 고독과 권태를 보기 시작할 것이며 그때 공간이라고 불리는 것에 이르기 시작할 것이다.

관찰하는 대상과 사이에 공간이 있을 때 사랑이 없다는 것을 알 것이다. 그리고 사랑 없이는 아무리 세계를 개혁하거나 새로운 사회 질서를 가져오거나 개선을 이야기해도 고통만을 만들어 낼 것이다. 그러므로 그것은 각자에게 달려 있다. 지도자도 없고 스승도 없으며 무엇을 하라고 말해 줄 사람은 아무도 없다. 이 미치고 잔혹한 세계에서 홀로다.

12

나를 보는 나는 누구인가

나를 보는 나는 누구인가

12장

관찰자와 관찰되는 것

조금 더 함께 나아가 주기를 바란다. 다소 복잡하고 미묘할 수 있으나 함께 나아가 주기를.

무언가에 대해 이미지를 만들 때 나는 그 이미지를 관찰할 수 있으며 그리하여 이미지와 이미지의 관찰자가 있다. 예를 들어 빨간 셔츠를 입은 사람을 보고 즉각적 반응이 좋아하거나 싫어하는 것이다. 호불호는 나의 문화, 훈련, 연상, 성향, 물려받은 특성의 결과다. 그 중심에서 관찰하고 판단하며 따라서 관찰자는 관찰하는 것과 분리되어 있다.

그러나 관찰자는 하나 이상의 이미지를 자각한다. 수천 개의 이미지를 만들어 낸다. 그런데 관찰자는 이 이미지들과 다른 것인가? 또 다른 이미지가 아닌가? 관찰자는 항상 자기인 바에 보태고 빼고 있다. 외부와 내부로부터의 압력의 결과로 항상 저울질하고 비교하고 판단하고 수정하고 변화하는 살아 있는 것이다. 자신의 지식과 영향과 무수한 계산인 의식의 장에서 살아간다. 동시에 자

165

신인 관찰자를 바라볼 때 관찰자가 기억, 경험, 사건, 영향, 전통, 그리고 무한히 다양한 고통으로 이뤄져 있다는 것을 보며 이 모든 것은 과거다. 그러므로 관찰자는 과거이면서 현재이며 내일이 기다리고 있고 그것 역시 관찰자의 일부다. 반은 살아 있고 반은 죽어 있다. 죽은 잎과 살아 있는 잎이 함께 있듯이 그 두 상태로 바라본다. 그리고 시간의 장 안에 있는 이 정신 상태에서 관찰자는 두려움을, 질투를, 전쟁을, 가족이라 불리는 폐쇄적 실체를 바라보며 도전이자 새로운 것인 관찰되는 것의 문제를 해결하려 한다. 항상 새로운 것을 낡은 것의 관점에서 해석하며 따라서 영원히 갈등 속에 있다.

관찰자인 하나의 이미지는 자기 주위와 자기 안의 수십 개의 다른 이미지를 관찰하며 말한다. '이 이미지가 좋다, 간직하겠다 혹은 저 이미지가 싫다, 없애겠다.' 그러나 관찰자 자신이 각종 다른 이미지에 대한 반응을 통해 생겨난 여러 이미지에 의해 조합된 것이다. 그리하여 이 지점에 이른다. 관찰자 역시 이미지이며 다만 스스로를 분리하여 관찰하는 것이다. 각종 다른 이미지를 통해 생겨난 이 관찰자는 자기를 영속적이라 여기며 자기 자신과 만들어 낸 이미지들 사이에 분열이, 시간 간격이 있다. 이것이 자기 자신과 자기 문제의 원인이라 믿는 이미지들 사이에 갈등을 만들어 낸다. 그래서 말한다. '이 갈등을 없애야 한다.' 그러나 갈등을 없애려는 바로 그 욕망이 또 다른 이미지를 만들어 낸다.

이 모든 것의 자각이, 진정한 명상인 것이, 다른 모든 이미지에 의해 조합된 중심 이미지가 있다는 것을 드러내었다. 이 중심 이미지, 관찰자는 검열자이고 경험자이고 평가자이고 다른 이미지들을 정복하거나 복종시키거나 완전히 파괴하려는 판사다. 다른 이미지들은 관찰자에 의한 판단, 의견, 결론의 결과이며 관찰자는 다른 모든 이미지의 결과다. 따라서 관찰자가 곧 관찰되는 것이다.

그리하여 자각은 정신의 다양한 상태를, 다양한 이미지와 이미지들 사이의 모순을, 그로 인한 갈등과 그것에 대해 아무것도 할 수 없다는 절망과 그것으로부터의 다양한 도피 시도를 드러내었다. 이 모든 것이 섬세하고 조심스러운 자각을 통해 드러났으며 그다음 관찰자가 곧 관찰되는 것이라는 자각이 온다. 이것을 자각하게 되는 것은 우월한 실체가 아니며 높은 자아가 아니다. 우월한 실체, 높은 자아는 단지 발명품이며 추가적 이미지에 불과하다. 관찰자가 곧 관찰되는 것이라는 것을 드러낸 것은 자각 자체다.

스스로에게 물음을 던진다면 답을 받아들일 실체는 누구인가? 탐구할 실체는 누구인가? 그 실체가 의식의 일부라면 생각의 일부라면 알아낼 능력이 없다. 그것이 알아낼 수 있는 것은 오직 자각의 상태뿐이다. 그러나 그 자각의 상태에 여전히 '자각해야 한다, 자각을 수행해야 한다'고 말하는 실체가 있다면 그것은 다시 또 다른 이미지다.

관찰자가 곧 관찰되는 것이라는 이 자각은 관찰되는 것과의 동일시 과정이 아니다. 무언가와 자기를 동일시하는 것은 상당히 쉽다. 우리 대부분은 무언가와 자기를 동일시한다. 가족, 배우자, 민족과. 그리고 그것은 큰 비참과 큰 전쟁으로 이어진다. 우리는 전적으로 다른 것을 고찰하고 있으며 언어적으로가 아니라 존재의 핵심에서 바로 그 뿌리에서 이해해야 한다. 고대 중국에서 화가는 무엇이든, 예를 들어 나무를 그리기 시작하기 전에, 얼마가 걸리든 상관없이 나무 자체가 될 때까지 나무 앞에 앉아 있었다. 나무와 자기를 동일시한 것이 아니라 나무였다. 이것은 자기와 나무 사이에 공간이 없었다는 것을, 관찰자와 관찰되는 것 사이에 공간이 없었다는 것을, 잎의 아름다움과 움직임과 그림자와 깊이와 색의 질을 경험하는 경험자가 없었다는 것을 의미한다. 온전히 나무였으며 오직 그 상태에서만 그릴 수 있었다.

관찰자가 곧 관찰되는 것이라는 것을 깨닫지 못한 관찰자의 어떤 움직임이든 또 다른 일련의 이미지를 만들어 낼 뿐이며 다시 그 안에 사로잡힌다. 그러나 관찰자가 '자신이 곧 관찰되는 것'이라는 것을 자각할 때 무엇이 일어나는가? 천천히 가라. 매우 천천히. 지금 매우 복잡한 것 속으로 들어가고 있기 때문이다. 무엇이 일어나는가? 관찰자는 전혀 행동하지 않는다. 관찰자는 항상 '이 이미지들에 대해 무엇인가를 해야 한다, 억압하거나 다른 형태를 주어야 한다'고 말해 왔다. 관찰되는 것에 대해 항상 능동적이었다. 열정적으로든 무심하게든 행동하고 반응하였으며 관찰자 편의 이 호불호의 행위가 긍정적 행위라 불렀다. '좋아한다, 따라서 붙잡아야 한다. 싫어한다, 따라서 없애야 한다.' 그러나 관찰자가 자기가 행위하고 있는 대상이 자기 자신이라는 것을 깨달을 때 자기 자신과 이미지 사이에 갈등이 없다. 그가 곧 그것이다. 그것과 분리되어 있지 않다. 분리되어 있었을 때 그것에 대해 무엇인가를 하였거나 하려 하였으나 관찰자가 자기가 곧 그것이라는 것을 깨달을 때 호불호가 없으며 갈등이 그친다.

무엇을 할 것인가? 무언가가 자기 자신이라면 무엇을 할 수 있는가? 그것에 반란할 수도 그것으로부터 도망칠 수도 그것을 수용할 수도 없다. 그것은 거기에 있다. 그러므로 호불호에 대한 반응으로서의 모든 행동이 멈춘다.

그때 대단히 살아 있게 된 자각이 있다는 것을 발견할 것이다. 어떤 중심적 쟁점에도 어떤 이미지에도 묶여 있지 않다. 그리고 그 자각의 강도로부터 다른 질의 주의가 있으며 따라서 정신은 이 자각이므로 비범하게 민감하고 높은 지성을 갖게 되었다.

13

생각이란 무엇인가

생각이란 무엇인가

13장

사유란 무엇인가? – 관념과 행동 – 도전 – 물질 – 사유의 시작

이제 생각이란 무엇인가의 물음 속으로 들어가자. 일상의 작업에서 주의와 논리와 건전함으로 쓰여야 하는 생각이 있고 전혀 그럴 의의가 없는 생각이 있다. 이 두 종류를 알지 못하면 생각이 닿을 수 없는 훨씬 더 깊은 무언가를 이해하는 것은 불가능하다. 그러므로 생각이란 무엇인가, 기억이란 무엇인가, 생각이 어떻게 시작되는가, 생각이 어떻게 모든 행동을 조건화하는가의 전체 복잡한 구조를 이해하려 하자. 그리고 이 모든 것을 이해하는 가운데 아마 생각이 결코 발견하지 못한, 생각이 문을 열 수 없는 무언가를 만나게 될 것이다.

왜 생각은 우리 삶에서 이토록 중요해졌는가. 생각이란 관념이며 뇌세포에 축적된 기억에 대한 반응이다. 아마 많은 이가 그런 물음을 전에 던져 본 적이 없을 것이며 혹은 던져 보았다면 '그것은 별로 중요하지 않다. 중요한 것은 감정이다'라고 말했을 수 있다. 그러나 둘을 어떻게 분리할 수 있는지 모르겠다. 생각이 느낌

에 연속성을 부여하지 않으면 느낌은 매우 빨리 죽는다. 그러면 단조롭고 지루하며 겁에 찬 우리의 일상에서 왜 생각이 이처럼 과도한 중요성을 띠게 되었는가? 스스로에게도 물어보라. 왜 생각의 노예인가. 교활하고 영리한 생각, 조직할 수 있고 일을 시작할 수 있으며 그토록 많은 것을 발명하고 그토록 많은 전쟁을 낳고 그토록 많은 두려움과 불안을 만들어 내며 끊임없이 이미지를 만들어 자기 꼬리를 쫓는 생각, 어제의 쾌락을 즐기고 그 쾌락에 현재와 미래에서도 연속성을 부여한 생각, 항상 능동적이고 수다를 떨며 움직이고 구성하고 빼앗고 보태고 가정하는 생각.

관념이 우리에게 행동보다 훨씬 더 중요해졌다. 모든 분야의 지식인에 의해 책에 교묘하게 표현된 관념. 그 관념이 교활할수록 미묘할수록 더 숭배하며 그것을 담은 책도 더 숭배한다. 우리는 그 책이고 그 관념이며 그것들에 의해 그토록 무겁게 조건화되어 있다. 끊임없이 관념과 이상을 토론하고 변증법적으로 의견을 제시한다. 모든 종교는 교의와 공식과 신에 이르는 비계(飛階, 발판)를 가지고 있으며 생각의 시작을 탐구할 때 이 관념의 전체 건축물의 중요성에 물음을 던지는 것이다. 우리는 관념을 행동과 분리하였다. 관념은 항상 과거에 속하고 행동은 항상 현재이기 때문이다. 즉 삶은 항상 현재다. 삶을 두려워하며 따라서 관념으로서의 과거가 그토록 중요해진 것이다.

자기 자신의 생각의 작동을 관찰하는 것은 정말 비상하게 흥미롭다. 어떻게 생각하는지, 생각이라 부르는 그 반응이 어디에서 솟아나는지를 관찰하는 것이. 분명히 기억으로부터다. 생각에 시작이 있기는 한 것인가? 있다면 그 시작을, 즉 기억의 시작을 알아낼 수 있는가? 기억이 없으면 생각이 없을 것이기 때문이다.

　생각이 어제 가졌던 쾌락을 유지하고 연속성을 부여하는 것을, 그리고 생각이 쾌락의 이면인 두려움과 고통도 유지하는 것을 보았다. 그러므로 생각하는 자인 경험자는 쾌락이자 고통이며 동시에 쾌락과 고통에 양분을 주는 실체다. 생각하는 자는 쾌락을 고통에서 분리한다. 쾌락에 대한 바로 그 요구 속에서 고통과 두려움을 초대하고 있다는 것을 보지 못한다. 인간 관계에서 생각은 항상 쾌락을 요구하며 충성, 도움, 줌, 유지, 봉사 같은 다양한 말로 덮는다. 왜 봉사하기를 원하는지 궁금하다. 주유소도 좋은 서비스를 제공한다. 돕고 주고 봉사한다는 그 말들은 무엇을 의미하는가? 그 모든 것이 무엇에 관한 것인가? 아름다움과 빛과 사랑스러움으로 가득한 꽃이 '나는 주고 돕고 봉사하고 있다'고 말하는가? 꽃은 그냥 존재한다. 그리고 무엇인가를 하려 하지 않기에 대지를 덮는다.

　생각은 너무 교활하고 영리하여 자신의 편의를 위해 모든 것을 왜곡한다. 쾌락에 대한 요구에서 생각은 자신의 속박을 가져온다.

생각은 모든 관계에서 이원성의 생산자다. 우리 안에 쾌락을 주는 폭력이 있으나 평화의 욕망, 친절하고 온유하려는 욕망도 있다. 이것이 우리 삶 전체에서 항상 일어나고 있는 것이다. 생각은 이 이원성, 이 모순을 우리 안에 낳을 뿐만 아니라 쾌락과 고통의 무수한 기억을 축적하며 이 기억들로부터 다시 태어난다. 그러므로 생각은 과거이며 이미 말했듯이 생각은 항상 낡은 것이다.

모든 도전이 과거의 관점에서 만나지며 도전은 항상 새로운 것이므로 도전에 대한 우리의 만남은 항상 온전히 부적절하며 따라서 모순, 갈등, 그리고 물려받은 모든 비참과 슬픔이 있다. 우리의 작은 두뇌는 무엇을 하든 갈등 속에 있다. 열망하든 모방하든 순응하든 억압하든 승화하든 자기를 확장하기 위해 약물을 복용하든 무엇을 하든 갈등의 상태에 있으며 갈등을 만들어 낼 것이다.

많이 생각하는 사람들은 매우 물질주의적이다. 생각이 물질이기 때문이다. 생각은 마루, 벽, 전화기가 물질인 것만큼이나 물질이다. 양식 속에서 기능하는 에너지가 물질이 된다. 에너지가 있고 물질이 있다. 삶의 전부가 그것이다. 생각이 물질이 아니라고 생각할 수 있으나 그러하다. 생각은 이념으로서의 물질이다. 에너지가 있는 곳에서 그것은 물질이 된다. 물질과 에너지는 상호 연관된다. 하나 없이 다른 것이 존재할 수 없으며 둘 사이에 더 많은 조화가 더 많은 균형이 있을수록 뇌세포는 더 활동적이다. 생각은 쾌락, 고통, 두려움의 이 양식을 세워 왔으며 수천 년간 그 안에서 기능해 왔고 그것을 만들어 냈기에 그 양식을 깨뜨릴 수 없다.

새로운 사실은 생각에 의해 보일 수 없다. 나중에 언어적으로 생각에 의해 이해될 수는 있으나 새로운 사실의 이해는 생각에게 실재가 아니다. 생각은 어떤 심리적 문제도 결코 해결할 수 없다. 아무리 영리하든 교활하든 박학하든 생각이 과학을 통해, 전자두뇌를 통해, 강제나 필요를 통해 어떤 구조를 만들어 내든 생각은 결코 새롭지 않으며 따라서 어떤 거대한 물음에도 결코 답할 수 없다. 낡은 두뇌는 삶의 거대한 문제를 해결할 수 없다.

생각은 비뚤어져 있다. 무엇이든 발명할 수 있고 거기 없는 것을 볼 수 있기 때문이다. 가장 비범한 속임수를 수행할 수 있으며 따라서 의지할 수 없다. 그러나 어떻게 생각하는지, 왜 생각하는지, 사용하는 말, 일상의 행동 방식, 사람들에게 말하는 방식, 사람들을 대하는 방식, 걷는 방식, 먹는 방식의 전체 구조를 이해한다면, 이 모든 것을 자각한다면, 정신은 스스로를 속이지 않을 것이며 속일 것도 없다. 그때 정신은 요구하거나 복종시키는 무언가가 아니다. 비범하게 고요하고 유연하며 민감하고 홀로이며 그 상태에서 어떤 기만도 전혀 없다.

완전한 주의의 상태에 있을 때 관찰자, 생각하는 자, 중심, '나'가 사라진다는 것을 알아차린 적이 있는가? 그 주의의 상태에서 생각이 시들기 시작한다.

　무언가를 매우 명료하게 보고 싶다면 정신은 매우 고요해야 한다. 모든 편견, 수다, 대화, 이미지, 그림이 없어야 한다. 바라보기 위해 모든 것을 치워 놓아야 한다. 그리고 오직 고요 속에서만 생각의 시작을 관찰할 수 있다. 무언가를 탐색하거나 답을 기다릴 때가 아니라. 그러므로 '생각의 시작은 무엇인가?'라는 물음을 던지고 나서 존재 전체를 통해 완전히 고요할 때에만 그 고요 속에서 생각이 어떻게 형성되는지를 보기 시작할 것이다.

　생각이 어떻게 시작되는지의 자각이 있으면 생각을 통제할 필요가 없다. 학교에서뿐만 아니라 평생에 걸쳐 생각을 통제하려 대단히 많은 시간과 에너지를 낭비한다. '이것은 좋은 생각이다, 많이 생각해야 한다. 이것은 추한 생각이다, 억압해야 한다.' 하나의 생각과 다른 생각, 하나의 욕망과 다른 욕망, 하나의 쾌락이 다른 모든 쾌락을 지배하는 전투가 항상 벌어지고 있다. 그러나 생각의 시작에 대한 자각이 있으면 생각에 모순이 없다.

　'생각은 항상 낡다' 혹은 '시간이 슬픔이다'와 같은 진술을 들을 때 생각이 그것을 번역하고 해석하기 시작한다. 그러나 해석은 어제의 지식과 경험에 기초하므로 필연적으로 자신의 조건화에 따른 것일 수밖에 없다. 그러나 그 진술들을 바라보되 전혀 해석하지 않고 그저 완전한 주의를, 집중이 아니라, 기울인다면 관찰자도 관찰되는 것도 생각하는 자도 생각도 없다는 것을 발견할 것이다. '어느 것이 먼저 시작되었는가?'라고 말하지 말라. 아무 데도 이르지 못하는 영리한 논쟁이다. 기억, 경험, 지식, 모두 과거에 속하는 것에서 파생된 생각이 없는 한, 이것은 기억 상실이나 공백의 상태를 뜻하지 않는다, 생각하는 자가 전혀 없다는 것을 자기 안에서 관찰할 수 있다. 이것은 철학적이거나 신비적인 일이 아니다. 실제적 사실을 다루고 있으며 이 여행에서 여기까지 왔다면 낡은 두뇌가 아니라 온전히 새롭게 도전에 반응할 것이라는 것을 보게 될 것이다.

14

고요는 만들 수 없다

고요는 만들 수 없다

어제의 짐 – 고요한 정신 – 소통 – 성취 – 규율 – 고요 – 진리와 실재

우리가 일반적으로 영위하는 삶에서 고독은 매우 적다. 홀로 있을 때조차 우리의 삶은 너무나 많은 영향, 너무나 많은 지식, 너무나 많은 경험의 기억, 너무나 많은 불안과 비참과 갈등으로 붐비어 정신은 점점 더 둔해지고 점점 더 무감각해지며 단조로운 일상 속에서 기능한다. 우리는 진정 홀로인 적이 있는가? 아니면 어제의 모든 짐을 지니고 다니는가?

이런 이야기가 있다. 두 수도사가 마을과 마을 사이 길을 걷다 강둑에 앉아 울고 있는 젊은 여인을 만난다. 한 수도사가 다가가 말한다. "자매여, 왜 울고 있소?" 여인이 대답한다. "강 건너 저 집이 보이죠? 오늘 아침엔 걸어서 건널 수 있었는데 그새 강이 불어서 돌아갈 수가 없어요. 배도 없고요." 수도사가 말한다. "그건 문제가 아니오." 그는 여인을 안아 올려 강을 건너 반대편에 내려놓는다. 두 수도사는 다시 길을 걷는다. 두어 시간쯤 지났을까, 다른 수도사가 입을 연다. "형제여, 우리는 여자를 절대 만지지 않겠

183

다고 서약했소. 방금 전 그대가 한 짓은 중한 죄요. 그녀를 안으면서 쾌락을, 강한 감각을 느끼지 않았소?" 다른 수도사가 답한다. "나는 두 시간 전에 그녀를 강둑에 두고 왔소. 그런데 당신은 아직도 그녀를 생각하고 있소?"

그것이 우리가 하는 일이다. 항상 짐을 지니고 다닌다. 결코 그것에 대해 죽지 않으며 결코 뒤에 남겨 놓지 않는다. 문제에 완전한 주의를 기울여 즉각적으로 해결할 때에만, 결코 다음 날로 다음 분으로 넘기지 않을 때에만, 고독이 있다. 그때 밀집된 집에 살거나 버스 안에 있더라도 고독이 있다. 그리고 그 고독은 신선한 정신, 순수한 정신을 가리킨다.

내면의 고독과 공간을 갖는 것은 매우 중요하다. 존재하고 가고 기능하고 날 수 있는 자유를 함축하기 때문이다. 결국 선(善)은 공간 속에서만 꽃피울 수 있으며 덕은 자유가 있을 때에만 꽃피울 수 있다. 정치적 자유는 있을 수 있으나 내면적으로 자유롭지 않으며 따라서 공간이 없다. 자기 안의 이 광대한 공간 없이는 어떤 덕도 가치 있는 어떤 질도 기능하거나 성장할 수 없다. 공간과 고요가 필요하다. 정신이 홀로일 때에만, 영향받지 않고 훈련받지 않고 무한히 다양한 경험에 붙잡히지 않을 때에만, 온전히 새로운 무언가에 이를 수 있기 때문이다.

정신이 고요할 때에만 명료함의 가능성이 있다는 것을 직접적으로 볼 수 있다. 동양에서 명상의 전체 목적은 그러한 정신 상태를 만들어 내는 것이다. 즉 생각을 통제하는 것이며 이것은 정신을 고요히 하기 위해 기도를 끊임없이 반복하는 것과 같고 그 상태에서 문제를 이해하기를 희망하는 것이다. 그러나 기초를 먼저 놓지 않고서 어떻게 정신이 실제로 고요할 수 있겠는가. 두려움으로부터, 슬픔과 불안으로부터, 자기 자신을 위해 놓는 온갖 덫으로부터 자유로운 기초를 말이다. 이것은 소통하기 가장 어려운 것 중 하나이다. 우리 사이의 소통은 내가 사용하는 말을 이해해야 할 뿐만 아니라 우리 둘이 같은 순간에, 한 박자도 어긋나지 않게, 같은 수준에서 만날 수 있어야 한다는 것을 함축하지 않는가? 그리고 그러한 소통은 자신의 지식이나 쾌락이나 의견에 따라 읽고 있는 것을 해석하거나 이해하려 대단한 노력을 기울일 때 불가능하다.

　삶에서 가장 큰 걸림돌 중 하나는 이르려 하고 성취하려 하고 획득하려 하는 이 끊임없는 투쟁인 것 같다. 어릴 때부터 획득하고 성취하도록 훈련받는다. 뇌세포 자체가 신체적 안전을 위해 이 성취의 양식을 만들어 내고 요구한다. 그러나 심리적 안전은 성취의 영역 안에 있지 않다. 모든 관계, 태도, 활동에서 안전을 요구하나 이미 보았듯이 실제로 안전 같은 것은 없다. 어떤 관계에서든 어떤 형태의 안전도 없다는 것을 스스로 알아내는 것은, 심리적으로 영속적인 것은 아무것도 없다는 것을 깨닫는 것은, 삶에 대한 전적으로 다른 접근을 부여한다. 외적 안전, 주거, 의복, 음식을 갖는 것은 물론 필수적이나 그 외적 안전은 심리적 안전에 대한 요구에 의해 파괴된다.

의식의 한계를 넘어서기 위해 공간과 고요가 필요하나 자기 이익에 그토록 끝없이 능동적인 정신이 어떻게 고요할 수 있는가? 규율하고 통제하고 형성할 수 있으나 그러한 강제는 정신을 고요하게 만들지 않는다. 단지 둔하게 만들 뿐이다. 분명히 고요한 정신을 갖겠다는 이상의 단순한 추구는 무가치하다. 강제할수록 더 편협하고 정체하기 때문이다. 억압처럼 어떤 형태의 통제든 갈등만을 만들어 낸다. 그러므로 통제와 외적 규율은 길이 아니며 규율 없는 삶도 가치가 없다.

우리 삶의 대부분은 사회의 요구에 의해, 가족에 의해, 자신의 고통에 의해, 자신의 경험에 의해, 특정한 이념적 혹은 사실적 양식에의 순응에 의해 외적으로 규율되어 있으며 그 형태의 규율은 가장 치명적인 것이다. 규율은 통제 없이, 억압 없이, 어떤 형태의 두려움도 없이 이뤄져야 한다. 이 규율은 어떻게 오는가? 규율이 먼저 있고 자유가 나중에 오는 것이 아니다. 자유는 끝이 아니라 바로 시작에 있다. 규율의 순응으로부터의 자유인 이 자유를 이해하는 것이 그 자체로 규율이다. 배움의 행위 자체가 규율이며 결국 규율이라는 말의 어원적 의미는 '배우다'이다. 배움의 행위 자체가 명료함이 된다. 통제, 억압, 탐닉의 전체 본성과 구조를 이해하는 것은 주의를 요구한다. 그것을 연구하기 위해 규율을 부과할 필요가 없으며 연구하는 행위 자체가 억압이 없는 자체의 규율을 가져온다.

권위에 왜 복종하는지를 먼저 봐야 한다. 여기서 말하는 권위는 법이 아니라 심리적 권위다. 모든 종교 조직과 전통과 경험의 권위를 말한다. 그것을 부정하기 위해서는 먼저 그 복종의 이유를 봐야 한다. 실제로 연구해야 한다. 그리고 연구하기 위해서는 비난, 정당화, 의견, 수용으로부터의 자유가 있어야 한다. 권위를 수용하면서 동시에 연구할 수는 없다. 불가능하다. 우리 안의 권위의 전체 심리적 구조를 연구하기 위해서는 자유가 있어야 한다. 그리고 연구할 때 전체 구조를 부정하는 것이며 부정할 때 바로 그 부정이 권위로부터 자유로운 정신의 문이다. 외적 규율, 지도력, 이상주의처럼 가치 있다고 여겨진 모든 것의 부정은 그것을 연구하는 것이다. 그때 바로 그 연구의 행위가 규율일 뿐만 아니라 그것의 부정이며 바로 그 부정이 긍정적 행위다. 그리하여 정신의 고요를 가져오기 위해 중요하다고 여겨진 모든 것을 부정하고 있다.

그리하여 통제가 고요로 이끄는 것이 아님을 본다. 또한 너무 흡수하는 대상이 있어 그 대상 속에 빠져 있을 때에도 정신은 고요하지 않다. 아이에게 재미있는 장난감을 주면 매우 조용해지지만 장난감을 빼앗으면 장난으로 되돌아가는 것과 같다. 우리 모두에게 자기를 흡수하는 장난감이 있으며 매우 고요하다고 생각하나 과학적이든 문학적이든 어떤 형태의 활동에 헌신한 사람이라도 장난감이 그를 흡수할 뿐이며 진정으로 고요한 것이 전혀 아니다.

우리가 아는 유일한 고요는 소음이 멈출 때의 고요, 생각이 멈출 때의 고요다. 그러나 그것은 고요가 아니다. 고요는 전적으로 다른 것이며 아름다움, 사랑처럼. 그리고 이 고요는 고요한 정신의 산물이 아니며 전체 구조를 이해하고 제발 조용히 하라고 말하는 뇌세포의 산물이 아니다. 그때 뇌세포 자체가 고요를 만들어 내며 그것은 고요가 아니다. 또한 관찰자가 곧 관찰되는 것인 주의의 결과도 아니다. 그때 마찰이 없지만 그것은 고요가 아니다.

이 고요가 무엇인지 묘사해 주기를 기다리고 있다. 비교하고 해석하고 가져가 묻기 위해. 묘사될 수 없다. 묘사될 수 있는 것은 이미 알려진 것이다. 알려진 것으로부터의 자유는 오직 그것에 대해 매일 죽을 때에만 생겨난다. 상처에 대해, 아첨에 대해, 만들어 낸 모든 이미지에 대해 죽을 때, 뇌세포 자체가 신선하고 순수해질 때까지. 그러나 그 순수함, 그 신선함, 다정함과 온유함의 질이 사랑을 만들어 내는 것이 아니다. 아름다움이나 고요의 질이 아니다.

소음의 끝남의 고요가 아닌 그 고요는 작은 시작에 불과하다.

작은 구멍을 통해 거대하고 광활하며 광대한 대양으로, 측량할 수 없는 시간 없는 상태로 나아가는 것과 같다. 그러나 의식의 전체 구조와 쾌락, 슬픔, 절망의 의미를 이해하고 뇌세포 자체가 고요해지지 않으면 이것을 언어적으로 이해할 수 없다. 그때 아마 아무도 밝혀 줄 수 없고 아무것도 파괴할 수 없는 그 신비에 이르게 될 것이다. 살아 있는 정신은 고요한 정신이며 살아 있는 정신은 중심이 없는, 따라서 공간도 시간도 없는 정신이다. 그러한 정신은 무한하며 그것이 유일한 진리, 유일한 실재이다.

15

명상자 없는 명상

명상자 없는 명상

15장

경험 – 만족 – 이원성 – 명상

우리 모두는 어떤 종류이든 경험을 원한다. 신비적 경험, 종교적 경험, 성적 경험, 많은 돈과 권력과 지위와 지배의 경험을. 나이가 들면서 신체적 욕구의 요구는 끝낼 수 있으나 더 넓고 더 깊고 더 의미 있는 경험을 요구하며 그것을 얻기 위해 다양한 수단을 시도한다. 예를 들어 의식을 확장하는 것이 그 한 가지다. 혹은 다양한 종류의 약물을 복용하는 것이다. 이것은 태고적부터 존재해 온 오래된 술책이다. 잎을 씹거나 최신 화학물질을 실험하여 뇌세포의 구조에 일시적 변화를 가져오고 실재의 외양을 부여하는 더 큰 감수성과 고양된 지각을 만들어 내는 것이다. 점점 더 많은 경험에 대한 이 요구는 인간의 내면의 빈곤을 보여 준다. 경험을 통해 자기 자신으로부터 도피할 수 있다고 생각하나 이 경험들은 우리가 무엇인지에 의해 조건화되어 있다. 정신이 옹졸하고 질투심 많고 불안하다면 최신 약물을 복용해도 여전히 자신의 작은 창조물, 자신의 조건화된 배경으로부터의 작은 투사만을 볼 것이다.

우리 대부분은 생각에 의해 파괴될 수 없는 완전히 만족스럽고 지속적인 경험을 요구한다. 그러므로 이 경험에 대한 요구 뒤에는 만족의 욕망이 있으며 만족의 요구가 경험을 지시한다. 따라서 만족이라는 전체 문제뿐만 아니라 경험되는 것도 이해해야 한다. 어떤 위대한 만족을 갖는 것은 큰 쾌락이다. 경험이 더 지속적이고 깊고 넓을수록 더 쾌락적이며 그러므로 쾌락이 우리가 요구하는 경험의 형태를 지시하고 쾌락이 경험을 측정하는 척도다. 측정 가능한 것은 무엇이든 생각의 한계 안에 있으며 환상을 만들어 내기 쉽다. 경이로운 경험을 할 수 있으면서도 완전히 속아 있을 수 있다. 필연적으로 조건화에 따라 환영을 볼 것이다. 그리스도를 보거나 부처를 보거나 믿고 있는 무엇이든 볼 것이며 더 큰 신앙인일수록 환영은 더 강할 것이다. 자신의 요구와 충동의 투사다.

그러므로 진리 같은 근본적인 무언가를 추구하면서 쾌락이 척도라면 이미 그 경험이 무엇일지를 투사한 것이며 따라서 더 이상 유효하지 않다. 경험이란 무엇을 의미하는가? 경험에 새롭거나 독창적인 것이 있는가? 경험은 도전에 반응하는 기억의 총체이며 배경에 따라서만 반응할 수 있고 경험을 해석하는 데 더 영리할수록 더 많이 반응한다. 그러므로 타인의 경험뿐만 아니라 자신의 경험에도 물음을 던져야 한다. 경험을 인식하지 못하면 경험이 전혀 아니다. 모든 경험은 이미 경험된 것이며 그렇지 않으면 인식하지 못할 것이다. 조건화에 따라 경험을 좋고 나쁘고 아름답고 성스러운 것 등으로 인식하며 따라서 경험의 인식은 필연적으로 낡은 것이다.

실재의 경험을 요구할 때 우리 모두 그러하지 않은가, 그것을 경험하기 위해서는 그것을 알아야 하며 인식하는 순간 이미 투사한 것이고 따라서 실재가 아니다. 여전히 생각과 시간의 장 안에 있기 때문이다. 생각이 실재에 대해 생각할 수 있다면 실재일 수 없다. 새로운 경험을 인식할 수 없다. 불가능하다. 이미 알고 있는 것만을 인식한다. 따라서 새로운 경험을 했다고 말할 때 전혀 새로운 것이 아니다. 다양한 환각제를 통해 행해지듯 의식의 확장을 통해 더 나아간 경험을 추구하는 것은 여전히 의식의 장 안에 있으며 따라서 매우 제한적이다.

이것이 핵심 진실이다. 더 넓고 더 깊은 경험을 추구하고 갈망하는 정신은 매우 얕고 둔한 정신이라는 것을. 항상 기억과 함께 살기 때문이다.

만약 어떤 경험도 전혀 없다면 어떻게 될 것인가? 우리는 경험에, 도전에 의존하여 깨어 있으려 한다. 자기 안에 갈등도 변화도 동요도 없다면 모두 깊이 잠들어 있을 것이다. 그러므로 도전은 대부분에게 필요하다. 도전 없이는 정신이 어리석고 무거워진다고 생각하며 따라서 더 많은 흥분과 강도를 주고 정신을 더 날카롭게 만들 도전과 경험에 의존한다. 그러나 사실 깨어 있게 해 줄 도전과 경험에 대한 이 의존은 정신을 더 둔하게 만들 뿐이다. 진정으로 깨어 있게 하지 않는다. 그러므로 스스로에게 묻는다. 어떤 도전이나 경험도 없이 존재의 몇몇 점에서 주변적으로가 아니라 온전히 깨어 있는 것이 가능한가? 이것은 신체적으로나 심리적으로나 위대한 감수성을 함축한다. 모든 요구로부터 자유로워야 한다는 것을 의미한다. 요구하는 순간 경험할 것이기 때문이다. 그리고 요구와 만족으로부터 자유로워지기 위해서는 자기 안을 탐구하고 요구의 전체 본성을 이해해야 한다.

요구는 이원성에서 태어난다. 나는 불행하며 행복해져야 한다. 행복해져야 한다는 바로 그 요구 속에 불행이 있다. 선해지려 노력할 때 바로 그 선 속에 그 반대인 악이 있다. 긍정되는 모든 것은 그 자체의 반대를 포함하며 극복하려는 노력은 그것이 맞서 투쟁하는 것을 강화한다. 진리나 실재의 경험을 요구할 때 바로 그 요구는 있는 것에 대한 불만에서 태어나며 따라서 요구가 반대를 만들어 낸다. 그리고 반대 안에 있었던 것이 있다. 그러므로 이 끊임없는 요구로부터 자유로워져야 한다. 그렇지 않으면 이원성의 복도에 끝이 없을 것이다. 이것은 정신이 더 이상 탐색하지 않도록 자기 자신을 완전히 아는 것을 의미한다.

그러한 정신은 경험을 요구하지 않는다. 도전을 요청하거나 도전을 알 수 없다. 나는 잠들어 있다거나 나는 깨어 있다고 말하지 않는다. 완전히 있는 바 그대로이다. 좌절되고 편협하고 얕은 조건화된 정신만이 항상 더를 추구한다. 그렇다면 이 세계에서 더 없이, 이 끊임없는 비교 없이 사는 것이 가능한가? 분명 가능하다. 그러나 스스로 알아내야 한다.

이 전체 물음에 대한 탐구가 명상이다. 그 말은 동양에서나 서양에서나 매우 불행한 방식으로 사용되어 왔다. 다양한 명상의 학파, 다양한 방법과 체계가 있다. '엄지발가락의 움직임을 관찰하라, 관찰하라, 관찰하라'고 말하는 체계가 있고 특정한 자세로 앉아 규칙적으로 호흡하거나 자각을 수행하라고 주장하는 체계도 있다. 이 모든 것은 전적으로 기계적이다. 다른 방법은 특정한 말을 주고 반복하면 비범한 초월적 경험을 하게 될 것이라고 말한다. 이것은 순전한 헛소리다. 자기 최면의 한 형태다. '아멘'이나 '옴'이나 '코카콜라'를 무한히 반복하면 분명히 어떤 경험을 할 것이다. 반복에 의해 정신이 고요해지기 때문이다. 수천 년간 인도에서 수행된 잘 알려진 현상이며 만트라 요가라 불린다. 반복에 의해 정신을 부드럽고 온유하게 유도할 수 있으나 여전히 옹졸하고 초라하고 작은 정신이다. 정원에서 주운 막대기를 벽난로 위에 올려놓고 매일 꽃을 바치는 것이나 다름없다. 한 달이면 그것을 숭배할 것이며 꽃을 놓지 않는 것이 죄가 될 것이다.

명상은 어떤 체계를 따르는 것이 아니다. 끊임없는 반복과 모방이 아니다. 명상은 집중이 아니다. 일부 명상 스승의 가장 좋아하는 수법은 제자들에게 집중을 배우도록 주장하는 것이다. 즉 하나의 생각에 정신을 고정하고 다른 모든 생각을 몰아내는 것이다. 이것은 가장 어리석고 추한 것이며 강제당한 어떤 학생이든 할 수 있다. 한편으로는 집중해야 한다는 주장과 다른 한편으로는 온갖 다른 것으로 방황하는 정신 사이에 항상 전투가 벌어진다. 반면 정신이 어디로 방황하든 그 모든 움직임에 주의를 기울여야 한다. 정신이 방황한다는 것은 다른 무언가에 관심이 있다는 것이다.

명상은 놀라울 만큼 예민한 정신을 요구한다. 명상은 모든 형태의 단편화가 그친 삶의 전체에 대한 이해다. 명상은 생각의 통제가 아니다. 생각을 통제하면 정신에 갈등을 낳기 때문이다. 그러나 이미 다뤘던 생각의 구조와 기원을 이해할 때 생각은 간섭하지 않는다. 생각의 구조에 대한 바로 그 이해가 그 자체의 규율이며 그것이 명상이다.

명상은 모든 생각과 모든 느낌을 자각하되 결코 옳다 그르다 말하지 않고 그저 관찰하며 그것과 함께 움직이는 것이다. 그 관찰에서 생각과 느낌의 전체 움직임을 이해하기 시작한다. 그리고 이 자각에서 고요가 나온다. 생각에 의해 조합된 고요는 정체이며 죽은 것이다. 그러나 생각이 자신의 시작을, 자신의 본성을 이해하고 모든 생각이 결코 자유롭지 않으며 항상 낡은 것이라는 것을 이해할 때 오는 고요, 이 고요가 명상이며 그 안에서 명상자는 전적으로 부재한다. 정신이 과거를 비웠기 때문이다.

만약 이 책을 한 시간 동안 주의 깊게 읽었다면 그것이 명상이다. 단지 몇몇 말을 가져가고 나중에 생각할 몇 가지 관념을 모았다면 더 이상 명상이 아니다. 명상은 완전한 주의로 부분이 아니라 온전히 모든 것을 바라보는 정신 상태이다. 그리고 어떻게 주의를 기울이는지는 아무도 가르칠 수 없다. 어떤 체계가 주의를 기울이는 법을 가르친다면 그 체계에 주의를 기울이게 될 뿐이며 그것은 진정한 주의가 아니다. 명상은 삶에서 가장 위대한 예술 중 하나다. 아마 가장 위대한 것이며 누구에게서도 배울 수 없다. 그것이 아름다움이다. 기법이 없으며 따라서 권위가 없다. 자기 자신에 대해 배울 때, 자기를 관찰할 때, 걷는 방식, 먹는 방식, 말하는 것, 험담, 증오, 질투를 관찰할 때, 어떤 선택도 없이 자기 안의 이 모든 것을 자각한다면 그것이 명상의 일부다.

그러므로 명상은 버스에 앉아 있을 때, 빛과 그림자로 가득한 숲속을 걸을 때, 새의 노래를 들을 때, 배우자나 아이의 얼굴을 바라볼 때에도 일어날 수 있다.

명상의 이해 속에 사랑이 있으며 사랑은 체계나 습관의, 방법을 따르는 것의 산물이 아니다. 사랑은 생각에 의해 길러질 수 없다. 사랑은 아마 완전한 고요, 명상자가 전적으로 부재한 고요가 있을 때 생겨날 수 있다. 그리고 정신은 생각과 느낌으로서의 자신의 움직임을 이해할 때에만 고요할 수 있다. 생각과 느낌의 이 움직임을 이해하기 위해서는 비난 없이 관찰해야 한다. 그렇게 관찰하는 것 자체가 규율이며 그런 규율은 유동적이고 자유로운 것이다. 순응의 규율이 아닌 그런 규율 말이다.

16

지금, 혁명

지금, 혁명

16장

총체적 혁명 – 종교적 정신 – 에너지 – 열정

이 책 전체를 통해 관여해 온 것은 우리 안에서, 따라서 우리의 삶에서, 사회 구조의 개혁이 아닌 우리 내면에서의 온전한 혁명을 가져오는 것이다. 있는 그대로의 사회는 끝없는 공격의 전쟁을 가진 소름 끼치는 것이다. 그 공격이 방어적이든 공격적이든. 우리에게 필요한 것은 온전히 새로운 것, 정신 자체에서의 혁명, 돌연변이다. 낡은 두뇌로는 관계의 인간적 문제를 해결할 수 없다. 낡은 두뇌는 아시아적이고 유럽적이고 미국적이고 아프리카적이다. 그러므로 스스로에게 묻는 것은 뇌세포 자체에서 돌연변이를 가져오는 것이 가능한가이다.

이제 자기 자신을 더 잘 이해하게 된 지금 다시 물어보자. 이 잔혹하고 폭력적이며 무자비한 세계, 점점 더 효율적이 되고 따라서 점점 더 무자비해지는 세계에서 평범한 일상을 사는 인간 존재가 외적 관계뿐만 아니라 생각과 느낌과 행동과 반응의 전체 영역에서 혁명을 가져오는 것이 가능한가?

매일 인간 안의 폭력의 결과로 세계에서 일어나는 소름 끼치는 일들을 보거나 읽는다. 나는 그것에 대해 아무것도 할 수 없다거나 '어떻게 세계에 영향을 미칠 수 있는가?'라고 말할 수 있다. 자기 안에서 폭력적이지 않다면, 실제로 매일 평화로운 삶을, 경쟁적이지 않고 야심적이지 않으며 시기하지 않는 삶을, 적의를 만들어 내지 않는 삶을 산다면, 세계에 대단히 영향을 미칠 수 있다고 나는 생각한다. 작은 불이 큰 화염이 될 수 있다. 우리의 자기 중심적 활동에 의해, 편견, 증오, 민족주의에 의해 세계를 현재의 혼돈 상태로 축소시켜 놓았으며 그것에 대해 아무것도 할 수 없다고 말할 때 자기 안의 무질서를 불가피한 것으로 수용하는 것이다. 세계를 파편으로 쪼개 놓았으며 우리 자신이 깨지고 단편화되어 있으면 세계와의 관계도 깨질 것이다. 그러나 행동할 때 온전히 행동한다면 세계와의 관계는 대단한 혁명을 겪는다.

결국 가치 있는 운동, 깊은 의미를 가진 행동은 우리 각자에게서 시작되어야 한다. 내가 먼저 변해야 한다. 세계와의 나의 관계의 본성과 구조가 무엇인지를 보아야 한다. 그리고 봄 자체가 행동함이다. 따라서 세계에 사는 인간 존재인 내가 다른 질을 가져오며 그 질은 나에게 종교적 정신의 질인 것 같다.

종교적 정신은 종교를 믿는 정신과 전적으로 다른 것이다. 종교적이면서 동시에 힌두교도이거나 무슬림이거나 기독교인이거나 불교도일 수 없다. 종교적 정신은 전혀 탐색하지 않으며 진리를 실험할 수 없다. 진리는 쾌락이나 고통에 의해, 혹은 힌두교도로서든 어떤 종교에든 속한 것으로서의 조건화에 의해 지시되는 것이 아니다. 종교적 정신은 두려움이 없는, 따라서 어떤 신앙도 전혀 없는, 오직 있는 것, 실제로 있는 것만이 있는 정신 상태이다.

종교적 정신에는 이미 검토한 고요의 상태가 있으며 이것은 생각에 의해 만들어진 것이 아니라 명상자가 전적으로 부재한 명상인 자각의 결과다. 그 고요 속에 갈등이 없는 에너지의 상태가 있다. 에너지는 행동이며 움직임이다. 모든 행동은 움직임이며 모든 행동은 에너지다. 모든 욕망이 에너지다. 모든 느낌이 에너지다. 모든 생각이 에너지다. 모든 삶이 에너지다. 모든 생명이 에너지다. 그 에너지가 모순 없이, 마찰 없이, 갈등 없이 흐르도록 허용된다면 그 에너지는 무한하고 끝이 없다. 마찰이 없을 때 에너지에 경계가 없다. 에너지에 한계를 주는 것은 마찰이다. 그러므로 이것을 한번 보고 나면, 왜 인간 존재는 항상 에너지에 마찰을 가져오는가? 삶이라 부르는 이 움직임에 왜 마찰을 만들어 내는가? 순수한 에너지, 한계 없는 에너지는 단지 관념에 불과한가? 실재가 없는가?

우리 안에 온전한 혁명을 가져오기 위해서뿐만 아니라 탐구하고 바라보고 행동하기 위해서도 에너지가 필요하다. 그리고 남편과 아내 사이든, 인간과 인간 사이든, 공동체와 공동체 사이든, 나라와 나라 사이든, 이념과 이념 사이든, 아무리 미묘하든, 어떤 형태의 내적 마찰이나 외적 갈등이 있는 한 에너지의 낭비가 있다.

관찰자와 관찰되는 것 사이에 시간 간격이 있는 한 마찰을 만들어 내며 따라서 에너지의 낭비가 있다. 그 에너지는 관찰자가 곧 관찰되는 것일 때, 시간 간격이 전혀 없을 때 최고점으로 모인다. 그때 동기 없는 에너지가 있을 것이며 그것은 스스로의 행동 경로를 찾을 것이다. '나'가 존재하지 않기 때문이다.

우리가 살고 있는 혼란을 이해하기 위해 대단한 에너지가 필요하며 이해해야 한다는 느낌이 알아내기 위한 활력을 가져온다. 그러나 알아냄, 탐색은 시간을 함축하며 이미 보았듯이 점진적으로 정신의 조건화를 벗기는 것은 길이 아니다. 시간은 길이 아니다. 늙든 젊든 삶의 전체 과정이 다른 차원으로 옮겨질 수 있는 것은 지금이다. 있는 바의 반대를 추구하는 것도 길이 아니며 체계나 스승이나 철학자나 사제에 의해 부과된 인위적 규율도 아니다. 그 모든 것은 너무나 유치하다. 이것을 깨달을 때, 수 세기에 걸친 이 무거운 조건화를 즉각적으로 돌파하고 또 다른 조건화로 들어가지 않는 것이 가능한가. 그렇게 해서 정신이 온전히 새롭고 민감하고 살아 있고 자각하며 강렬하고 유능하게 되는 것이 가능한

가. 스스로에게 물어야 한다. 그것이 우리의 문제다. 다른 문제는 없다. 정신이 새로워지면 어떤 문제든 다룰 수 있기 때문이다. 그것이 스스로에게 던져야 할 유일한 물음이다.

그러나 우리는 묻지 않는다. 듣고 싶어 한다. 정신의 구조에서 가장 기이한 것 중 하나는 우리 모두가 듣고 싶어 한다는 것이다. 수천 년에 걸친 선전의 결과이기 때문이다. 우리의 생각이 타인에 의해 확인되고 입증되기를 원하며 반면 물음을 던지는 것은 자기 자신에게 던지는 것이다. 내가 말하는 것은 가치가 거의 없다. 이 책을 덮는 순간 잊어버릴 것이다. 혹은 기억하여 특정 문구를 반복하거나 여기서 읽은 것을 다른 책과 비교할 것이다. 그러나 자신의 삶에 직면하지 않을 것이다. 중요한 것은 그것뿐이다. 자신의 삶, 자기 자신, 자신의 옹졸함, 얕음, 잔혹함, 폭력, 탐욕, 야심, 일상의 고뇌와 끝없는 슬픔, 그것이 이해해야 할 것이며 이 땅 위에서든 하늘에서든 자기 자신 외에 아무도 그것으로부터 구해 줄 수 없다.

일상에서 일어나는 모든 것을 보면서, 펜을 집을 때, 말할 때, 드라이브하러 나갈 때, 숲속을 혼자 걸을 때, 한 호흡으로, 한 번의 눈길로, 있는 그대로의 자기 자신을 매우 단순하게 알 수 있는가? 있는 그대로의 자기를 알 때 인간의 노력과 기만과 위선과 탐색의 전체 구조를 이해한다. 이것을 하기 위해서는 존재 전체를 통해 자기 자신에게 대단히 정직해야 한다. 원칙에 따라 행동할 때 부정직한 것이다. 되어야 한다고 생각하는 바에 따라 행동할 때 있는 바가 아니기 때문이다.

이상을 갖는 것은 잔혹한 것이다. 어떤 이상, 신앙, 원칙이 있으면 자기 자신을 직접적으로 바라보는 것이 불가능하다. 그러면 완전히 부정적이고 완전히 고요하며 생각지도 두려워하지도 않으면서 그러면서도 비범하게, 열정적으로 살아 있을 수 있는가?

더 이상 투쟁할 능력이 없는 정신 상태가 참된 종교적 정신이며 그 정신 상태에서 진리, 실재, 축복, 신, 아름다움, 사랑이라 불리는 것에 이를 수 있다. 이것은 초대될 수 없다. 이 매우 단순한 사실을 이해하라. 초대될 수 없으며 추구될 수 없다. 정신이 너무 어리석고 너무 작으며 감정은 너무 초라하고 삶의 방식은 너무 혼란스러워서 그 거대한, 그 광대한 무언가가 더럽혀지고 짓밟힌 작은 집, 작은 삶의 구석에 초대될 수 없다. 초대할 수 없다. 초대하려면 그것을 알아야 하며 알 수 없다. 누가 말하든 상관없다. '나는 안다'고 말하는 순간 알지 못하는 것이다. 그것을 발견했다고 말하는 순간 발견하지 못한 것이다. 그것을 경험했다고 말한다면 결코 경험하지 못한 것이다. 이 모든 것은 타인을, 친구든 적이든, 착취하는 방법에 불과하다.

그때 스스로에게 묻는다. 초대하지 않고 기다리지 않고 추구하거나 탐색하지 않고 단지 창문을 열어 놓으면 들어오는 시원한 바람처럼 그것이 일어나도록, 이것에 이르는 것이 가능한가? 바람을 초대할 수 없으나 창문을 열어 놓아야 한다. 이것이 기다리는 상태에 있다는 뜻은 아니다. 그것은 또 다른 형태의 기만이다. 받기 위해 자기를 열어야 한다는 뜻도 아니다. 그것은 또 다른 종류의 생각이다.

왜 인간 존재에게 이것이 없는지 스스로에게 물어 본 적이 있는가? 인간은 아이를 낳고 성을 갖고 다정함을, 동반자 의식과 우정과 교제 속에서 함께 무언가를 나누는 질을 가지고 있으나 이것, 왜 그것을 갖지 못했는가? 더러운 거리를 혼자 걸을 때, 버스에 앉아 있을 때, 바닷가에서 휴가를 보낼 때, 새와 나무와 시냇물과 야생 동물이 있는 숲속을 걸을 때, 수백만 년을 살아온 인간이 왜 이것을, 이 비범하게 바래지 않는 꽃을 갖지 못했는지를 단 한 번이라도 진지하게 물어본 적이 있는가? 그토록 유능하고 영리하고 교활하고 경쟁적이며 경이로운 기술을 가지고 하늘로 가고 땅 아래와 바다 밑으로 가며 비범한 전자두뇌를 발명한 인간 존재인 우리가 왜 중요한 이 한 가지를 갖지 못했는가? 왜 마음이 비어 있는지의 이 쟁점에 진지하게 직면한 적이 있는지 모르겠다.

그 물음을 스스로에게 던진다면 답은 어떠할 것인가. 얼버무림이나 교활함 없는 직접적인 답은? 답은 물음을 던지는 강도와 긴

211

박함에 따를 것이다. 그러나 강렬하지도 긴박하지도 않으며 그것은 에너지, 곧 열정이 없기 때문이다. 열정 없이는 어떤 진리도 발견할 수 없다. 강렬함을 가진 열정, 그러나 숨겨진 욕구가 없는 열정. 열정은 다소 두려운 것이다. 열정이 있으면 어디로 이끌지 모르기 때문이다.

그러므로 두려움이 아마 이 사랑의 질이 왜 빠져 있는지를 스스로 알아낼 열정의 에너지가 없는 이유이며 왜 마음에 이 불꽃이 없는지의 이유가 아닌가? 자신의 정신과 마음을 매우 면밀히 검토한다면 왜 그것을 갖지 못했는지를 알 것이다. 왜 갖지 못했는지를 알아내는 발견에 열정적이라면 그것이 거기에 있다는 것을 알 것이다. 오직 완전한 부정을 통해서만, 열정의 최고 형태인 부정을 통해서만 사랑인 것이 생겨난다. 겸허처럼 사랑을 기를 수 없다. 겸허는 자만이 온전히 끝날 때 생겨나며 그때 겸허한 것이 무엇인지를 결코 알지 못할 것이다. 겸허를 갖는 것이 무엇인지를 아는 사람은 허영스러운 사람이다. 같은 방식으로 삶의 방식을 알아내기 위해, 실제로 있는 것을 보고 그것을 넘어서기 위해, 그리고 지금 사는 삶을 완전히 온전히 부정하기 위해 정신과 마음을, 신경과 눈을, 존재 전체를 바칠 때, 추한 것의 잔혹한 것의 바로 그 부정 속에서 다른 것이 생겨난다. 그리고 그것이 무엇인지도 결코 알지 못할 것이다. 자기가 고요하다는 것을 아는 사람은, 자기가

사랑한다는 것을 아는 사람은, 사랑이 무엇인지 고요가 무엇인지
알지 못한다.

세기의 책들 20선
천년의 지혜 시리즈 NO.13

아는 것으로부터의 자유 Freedom from the Known

최초 출간일 1969년

초판 1쇄 인쇄 2026년 3월 28일
초판 2쇄 발행 2026년 4월 29일

발행 스노우폭스북스
발행인 서진

지은이 지두 크리슈나무르티
기획 서진
번역감수 안진환

책임편집 서진
기획 1팀 박정아 김민정 장설리 유상아
기획 2팀 홍다휘 이경은 원숙연 이희영
기획 3팀 유지수 박홍로 노영실 조민경

표지·본문 김완선

마케팅 총괄 김정현
기획전략 김형연
홍보 김민주, 김준수

제작 박범준

종이 월드페이퍼
인쇄 남양문화사

주소 경기도 파주시 회동길 527, 스노우폭스북스 사옥 3층
대표번호 031-927-9965 팩스 070-7589-0721
전자우편 edit@sfbooks.co.kr
출판신고 2015년 8월 7일(제406-2015-000159호)

ISBN 979-11-94966-39-5 03160